Escuela de Traders III

Comentarios publicados en Amazon sobre:
Escuela de traders III
David L

La cruda realidad
Me ha gustado mucho, honesto, realista y con los pies en la tierra. Siempre es mejor una verdad que una mentira a medias (muy típico en este mundillo del trading). Su lectura me ha hecho reflexionar, es reveladora en muchos momentos. Sinceridad es la palabra con la que lo definiría... Esto creo que puede ser muy útil para todo aquel que quiera hacer trading.

Bárbara

Cierra el círculo
De toda la trilogía nos encontramos sin duda ante la obra más personal. David nos cuenta de primera mano muchas experiencias vividas en primera persona sobre problemas que tendremos que sortear en nuestra operativa, cada uno a nuestra manera. En una ocasión más nos podemos "aprovechar" de la experiencia de David para evitar algún que otro tropiezo, donde, de no tener una guía, tropezaríamos seguro.
Lectura amena y recomendable.

Juan V.

Claro y conciso
Me ha gustado mucho el libro, me he leído el primero y este tercero, sirve tanto para los que comenzáis como para los que ya llevamos un tiempo en ello, me he sentido identificado varias veces con las vivencias del autor. Totalmente recomendable, volveré a leerlo de vez en cuando.

Miguel Ángel Santos

Excelente, practico, realista y muy útil.
No conozco de nada al autor, de hecho es el primer libro suyo que leo. Me ha encantado porque llevo 17 años haciendo trading y buscando el Santo Grial y la primera enseñanza de este libro es que el Santo Grial no existe, ni los métodos infalibles o milagrosos. Desde una perspectiva muy realista y práctica va abordando cuestiones cotidianas en nuestro trading diario. Muy recomendable lectura sobre todo para los ya iniciados.

Juan Herrero

Trilogía muy interesante
Este libro, junto con los dos anteriores, completan una trilogía muy interesante entorno al trading. La perspectiva desde donde se enfoca la visión de lo que se cuenta, el mismo contenido y la forma en que se hace es simplemente genial. Me agrada mucho la idea que imperan las páginas sobre el desarrollo personal que exige esta actividad. Creo que este libro es todo un acierto y lo recomiendo a cualquier persona, tanto si te interesa como si no el trading.

Sandro M.

Gran libro
Tercer volumen de la Serie Escuela de Traders, quizás el libro más filosófico y de conceptos psicológicos de los tres. Me ha gustado especialmente porque me he sentido representado en varios pasajes con situaciones que he vivido personalmente. El lenguaje del autor sigue siendo muy honesto y coherente. Existen multitud de títulos sobre temática parecida, pero pocos que mantengan tanto la coherencia interna de esta serie, y que transmiten tantos conceptos necesarios con la dosis necesaria de realidad. Recomendable para lectura y relectura habitual.

Antonio Blanco

Sublime, te llega al fondo del subconsciente
Este libro ha conseguido relatar con increíble precisión, todo aquello que los Traders sabemos que nos pasa, pero no nos atrevemos ni a susurrar. Llega al corazón, literalmente. Verdades como puños. Obliga a reflexionar sobre nuestra vida como inversores y especuladores. Abre los ojos a tener especial atención a este mercado de fieras en el que nos metemos. Excelente. No puede faltar en cualquier biblioteca de un Trader.

Hilario Andrés

Otras obras de David L.

Frases, Camino y Destino
Escuela de Traders
Escuela de Traders II
Escuela de Traders IV

Escuela de Traders III

Escuela de Traders III
David L

2ª edición
ISBN: 9781980298281

Maquetación, diseño y textos: © 2021 David L.

Todos los derechos reservados

Quedan rigurosamente prohibidas, sin la autorización por escrito de los titulares del copyright, bajo las sanciones establecidas por las leyes, la reproducción parcial o total de esta obra por cualquier medio o procedimiento, comprendidos la reprografía y el tratamiento informático, y la distribución de ejemplares de esta edición mediante alquiler o préstamos públicos.

David L

Escuela de Traders III

EL GRAN LIBRO DE TRADING PARA EL CUARTO DE BAÑO. CONVIERTE EN UN MEJOR TRADER MIENTRAS ALIVIAS TU ORGANISMO.

Aprender es el comienzo de la riqueza.
Aprender es el comienzo de la salud.
Aprender es el comienzo de la espiritualidad.
En la búsqueda y aprendizaje es donde comienza el proceso milagroso.

JIM ROHN

Dedicatoria

Dedico este libro a todo el equipo de la Escuela de Traders. Grandes personas, amigos, y por encima de todo, los mejores profesionales con los que he trabajado. Es un orgullo para mí, haber formado parte del proyecto.

Índice

Introducción - 11

Lección 1 – Expectativas Razonables - **13**

Lección 2 – Esto va de probabilidades - **15**

Lección 3 – El cuaderno de Trading - **17**

Lección 4 – Busca un sistema que se adapte a tu estilo de vida - **19**

Lección 5 – Simulador de operativa - **21**

Lección 6 – Visualizaciones - **23**

Lección 7 – ¿Quieres subirte al Dragón Khan?, no pongas stop - **27**

Lección 8 – La diversificación - **29**

Lección 9 – El conocimiento es poder - **33**

Lección 10 – Crea tu propio plan de acción - **37**

Lección 11 – Sigue el sistema - **39**

Lección 12 – Unas palabras sobre el riesgo - **43**

Lección 13 – Aprendiendo a afrontar las pérdidas - **45**

Lección 14 – Entre rangos y tendencias - **49**

Lección 15 – El Ferrari - **51**

Lección 16 – La reserva monetaria y emocional - **55**

Lección 17 – Lo que perdiste ayer no lo puedes ganar hoy - **61**

Lección 18 – ¿El tamaño importa?, pues sí - **63**

Lección 19 – Gestión de la posición - **67**

Lección 20 – Tu Rinconcito - **69**

Lección 21 – ¿Qué hacer cuando nada sale bien? - **71**

Lección 22 – Superman - **75**

Lección 23 – He encontrado a mi Gurú – **77**

Lección 24 – Los Stops - **79**

Lección 25 – La travesía en el desierto - **81**

Lección 26 – Porque yo lo valgo - **83**

Lección 27 – Las Metas - **85**

Lección 28 – El confidente - **89**

Lección 29 – La trampa del tiempo - **93**

Lección 30 – El miedo a la pérdida - **97**

Lección 31 – La desesperada espera - **101**

Lección 32 – ¿Sabes guardar un secreto? - **103**

Lección 33 – El desapego al resultado - **105**

Lección 34 – La Fe mueve montañas - **109**

Conclusión - 113

Agradecimientos – 114

Sobre el Autor – 115

Bibliografía - 118

Biblioteca EdT - 119

Introducción

Por algún motivo llegaste al mundo del trading, con un montón de expectativas y sueños, cargaste la mochila... Poco han tardado estas en verse truncadas...

La mecánica de esta actividad no es difícil, todo lo contrario; comprar, vender, corto, largo y poco más... Todavía no he conocido a nadie que no entienda estos conceptos. Entonces...

¿Por qué es tan complicado alcanzar la consistencia?
¿Por qué es tan difícil ganar en este juego?

Vivir del trading no es tan fácil, como te habían vendido. Estás decepcionado, cabizbajo, enfadado, incluso has pensado en decir basta y abandonar para siempre tu sueño de ser trader.

Espera, no lo hagas todavía, date otra oportunidad, todos tenemos malos momentos, pero el fracaso solo existe si te paras.

Si has llegado hasta aquí, tengo que felicitarte, estás en el buen camino, para construir primero hay que destruir, y tú lo estás haciendo. Cuando rompas con todas esas creencias limitantes y falsas expectativas, estarás en una situación perfecta, desde la que podrás edificar unos sólidos cimientos que sustenten tu operativa de trading.

Mucha suerte...

Lección 1

Expectativas razonables

> Las apariencias no engañan.
> Las que engañan son las expectativas.
> EDDY WARMAN

Uno de los mayores problemas que detecto en los traders principiantes, es que tienen unas expectativas irrealistas de lo que pueden lograr con esta actividad. Dicho de otro modo, llegan a este negocio con la mentalidad incorrecta.

Por ejemplo:

- Doblaré mi cuenta cada año.
- Ganaré dinero todos los meses operando en los mercados.
- Voy a dejar el trabajo, he conseguido cinco mil euros.
- A los cuatro días de haber hecho un curso de formación voy a ser capaz de generar recursos.

Este tipo de expectativas, pueden ser muy perjudiciales. La mercadotecnia que ha florecido alrededor de esta actividad dedica grandes cantidades de recursos para difundir este tipo de falacias. Lamentablemente, cuando se dan cuenta, estas personas están fuera del juego...

Entonces, llega el momento de criticar y responsabilizar de su fracaso a cualquiera que se ponga por delante (bróker, mercado, formadores).

Todo sería diferente con otra mentalidad:

- Quiero obtener unos recursos extra con el trading.
- Voy a tomarme esta actividad como un proyecto paralelo a mi trabajo, y me pondré a full cuando me haya demostrado a mí mismo que puedo hacerlo.
- Quiero poder llegar a gestionar mis recursos económicos de un modo más eficaz.
- En un futuro me dedicaré a ello de un modo profesional, pero sé que voy a tener que formarme e invertir tiempo, dinero y esfuerzo.

Ese cambio de mentalidad, puede hacer que te ahorres años de penurias… El trading es como cualquier otra actividad, no vas a "llegar y besar el Santo" en dos días. Todo aquello que vale la pena, requiere de un proceso de aprendizaje, se necesita tiempo y esfuerzo para alcanzar un buen nivel.

El trading puede aportar más dinero, la posibilidad de disfrutar de más tiempo libre, trabajar desde cualquier lugar o incluso prescindir de tu jefe. Si amig@ mío, todo esto es posible, pero como dijo en cierta ocasión un hombre sabio, después del uno el dos.

En un juego de suma cero como este, lo que tú ganas, lo pierde otra persona. Por tanto, no es inteligente pensar que vas a llegar a las primeras de cambio, con poca experiencia, en la mayoría de los casos sin muchos recursos, y le vas a levantar la cartera a tus contrincantes, curtidos y experimentados en mil batallas.

El objetivo de todo trader que empiece su carrera en los mercados financieros debe ser sobrevivir el tiempo suficiente mientras desarrolla las habilidades necesarias para ser un ganador… Esa es la meta.

Lección 2

Esto va de probabilidades

> El futuro es impredecible, todo se basa en probabilidades.
> RICHARD PHILLIPS FEYNMAN

Cuando entiendes que estás realizando una actividad donde los resultados no dependen de ti, has ganado la mitad de la guerra. El trading se basa en probabilidades, cada operación que abras, puede salir bien, o mal. Tu misión, es controlar todo aquello que depende de ti:

- El momento de la entrada.
- Número de contratos o lotes.
- Nivel de apalancamiento.
- La correcta colocación de la orden de stop.

Una vez que tienes todo esto controlado, no puedes hacer nada más, el mercado hará lo que tenga que hacer. Haciendo trading vas a perder muchas veces, incluso operando bien. Esto es un problema para la mayoría de las personas, no estamos acostumbrados, no se nos ha educado para ello. Nos hemos habituado a recibir premios cuando hacemos las cosas bien y castigos cuando hacemos las cosas mal. El trading no funciona así, puedes estar operando muy bien y no conseguir los resultados deseados. O lo que es peor, estar operando mal y las cosas saliendo bien.

Por ejemplo: el sistema que yo utilizo para operar el Mini S&P 500, falla entre un treinta y un cuarenta por ciento de las veces. Eso, si eres un buen trader, si no lo eres, los ratios empeoran. Incluso si eres muy bueno, todavía perderás tres o cuatro veces, de cada diez.

Uno de los secretos del trading, reside en saber cómo vas a afrontar dichas pérdidas. Es sencillo, no puedes hacer nada por evitarlas, tienes que aprender a vivir con ellas... Preocúpate de seguir el sistema a rajatabla, y de usar una fórmula de gestión monetaria que te proteja cuando llegue la tormenta. No olvides que la gran mayoría de traders que se ven fuera del juego, lo hacen a consecuencia de una o dos operaciones negativas que se les han ido de las manos...

Una técnica que puedes utilizar para aliviar la presión psicológica que produce enfrentarse a las pérdidas, es ponerlas en contexto, ¿qué importancia tiene una serie de dos, tres, cuatro o incluso cinco operaciones perdedoras, si las comparas con los miles de operaciones que vas a realizar en tu carrera de trader?

Moraleja
Sé paciente, opera cuando sea oportuno, siempre con las probabilidades a tu favor, mano dura con la gestión monetaria y sentido común. Eso es todo lo que necesitas para ser un ganador...

Lección 3

Cuaderno de Trading

> Solo hay un olor que puede competir con el olor a tormenta:
> el olor a madera del lápiz.
> RAMÓN GÓMEZ DE LA SERNA

¿Qué es lo que marca la diferencia entre un trader que consigue la consistencia y todos los demás? En mi opinión; perseverancia, gestión emocional, gestión monetaria y saber cuándo no hay que operar...

Mucho se ha hablado ya sobre este tema, y no es fácil saber la cantidad de personas que lo consiguen o no. Por mi experiencia sé que los que lo logran, son la minoría. ¿Cuál es el problema entonces?, ¿por qué se da esta situación? En estos últimos años, buscando y analizando las causas he llegado a una conclusión: todos aquellos que he visto alcanzar la consistencia utilizaban un cuaderno de trading. Esto no quiere decir que sea el Santo Grial, pues no es garantía absoluta de éxito. Dicho esto, el no llevarlo si te garantiza algo… No lo conseguirás.

— ¿Por qué?
— Te preguntas.

No sabrás qué estás haciendo mal, ni qué estás haciendo bien. Sin esa información, es imposible mejorar.

En el cuaderno se esconde el dinero, de ahí tienes que extraer las conductas negativas y patrones que están haciendo que no mejores, estés estancado, o peor aún, yendo hacia atrás...

Si tienes una muestra de todo aquello que pueda ser la causa de tu mala racha, podrás afrontar el problema y trazar un plan de acción que te ayude a volver al buen camino. El ser humano, es el único animal que puede pasarse la vida tropezando con la misma piedra. El cuaderno, sirve para evitarlo.

Lección 4

Busca un sistema que se adapte a tu vida

> Todos conocen el camino, pero muy pocos lo siguen.
> BUDDHA

No hay dos personas iguales, por lo tanto, un tipo u otro de operativa, te puede beneficiar o perjudicar según sean tu personalidad y estilo de vida. Todos disfrutamos de una vida, al margen de lo que ocurra en los mercados, a la vez, tenemos otras responsabilidades y tareas que hay que realizar inexcusablemente...

Imagina algo: quieres operar el Dax alemán, teniendo en cuenta que, la franja horaria clave para operar este instrumento, va desde las 9:00 A.M. hasta las 10:30 A.M., a lo que habría que añadir media hora más previa a la apertura, para implementar el protocolo de apertura y la graficación. Si en tu caso, tienes que llevar a los niños al colegio y entran a las 9:00 A.M... Será imposible que hagas las dos cosas a la vez.

El trading nunca debe ser un fin, tiene que ser un medio para conseguir más dinero, más tiempo y más libertad. Tiene que aportar valor, sumar, no restar. ¿Qué le vas a plantear a tu pareja? Cariño, no puedo llevar a los niños al colegio porque voy a operar todas las mañanas... ¿No sería más fácil operar otro instrumento a otra hora?

Si algo tienen los mercados en la actualidad, es su diversidad, puedes operar a casi cualquier hora, cinco días a la semana, veinticuatro horas al día... Busca y encuentra el activo que sea compatible con tu vida, tal y como es ahora.

Hablemos ahora de los tipos de persona que existen y cómo puede esto influir en los resultados. Te voy a contar la historia de "38 trader". Sus comienzos fueron duros, nunca consiguió ser consistente con la operativa intradía.

Nuestro amigo es el "hombre calmado", nunca tiene prisa, lleva un ritmo lento, se toma las cosas con calma... No es de extrañar que con dichos atributos psicológicos la ferocidad y violencia de la operativa intradía se le atragantara. Incluso hasta el punto de plantearse el fin de su carrera como trader, debido a la ansiedad que le producía operar en espacios temporales tan cortos.

Esta situación le produjo muchísimos dolores de cabeza y una gran cantidad de euros (perdidos). En su afán por conseguir llegar a ser un profesional fue probando a operar en otros espacios temporales, hasta que "voilá", dio con la tecla, encontró su nicho. No dejo de sonreír cuando pienso en su "modus operandi": bien entrada la noche, cuando la familia duerme, introduce órdenes limitadas con su respectivo stop y toma de beneficios. Luego deja que sea el mercado el que decida. Así de sencillo, así de brillante...

Moraleja
Encuentra el sistema que se adapte a tu personalidad y estilo de vida, te será mucho más fácil progresar y alcanzar tus metas.

Lección 5

Simulador de operativa

> Volar no es peligroso. Lo peligroso es estrellarse.
> PILOTO DE COMBATE

Un simulador de operativa simula la realidad, pero no lo es. No es posible ganar ni un solo euro en un simulador de trading. El lado positivo es que tampoco lo perderás...

Este tipo de herramienta, puede ser de gran ayuda cuando aprendes a operar, pues permite familiarizarte con la plataforma de ejecución (bróker), a la vez que interiorizas el sistema de inversión que utilizarás cuando operes con dinero real. Una vez conseguido esto, se acaban los beneficios, todo lo que pase de ahí, no aportará valor.

Piensa en un piloto de carreras que va a correr en un circuito nuevo... Es normal que utilice el simulador y practique, hasta que conozca la pista y haya experimentado el comportamiento del coche, virtualmente. Al menos, así podrá hacerse una idea de qué se encontrará cuando salga a rodar de verdad. Permanecer más tiempo del necesario en el simulador, no hará que se clasifique para la carrera. El tiempo hay que marcarlo en la pista, allí sentirá todas las emociones y sensaciones físicas... Todo esto, el simulador no te lo proporciona...

Por muy bueno que sea el tiempo conseguido en simulación, hasta que no llegas al asfalto de verdad, no sabes dónde clasificarás en la tabla de tiempos.

El trading es igual, he conocido a personas que eran muy buenas en el simulador, unos porcentajes de acierto brutales. Todo lo contrario que cuando han pasado a la operativa en real.

Cuando hay dinero de por medio, solemos, por lo menos al principio, hacerlo casi todo mal. Resumiendo: dejamos correr las pérdidas y cortamos las ganancias.

Tengo que confesar algo, yo fui uno de ellos. Conseguí buenos números en el simulador, de ahí pasé a operar futuros, con dos y tres contratos en el Mini S&P 500... Todavía recuerdo las sensaciones que tuve, fue como subirme a un fórmula 1 sin haber conducido nunca. Te puedes imaginar cómo acabó todo, ¿verdad?

Moraleja

Si empezara otra vez, no estaría tanto tiempo en simulado, tampoco entraría en real con futuros, sin haber operado con cantidades de dinero más manejables. Aquí entran en juego los CFDs, que te permiten ir ajustando el apalancamiento de un modo eficaz.

Lección 6

Visualizaciones

> Da el primer paso con fe.
> No te preocupes si no puedes ver la escalera,
> solo da el primer paso.
> MARTIN LUTHER KING

En una brillante interpretación de Al Pacino caracterizando a Tony D'amato, el entrenador de los Miami Sharks en; *"Un domingo cualquiera"* les habla a sus jugadores diciendo:

"La vida es cuestión de pulgadas. Así es el fútbol, porque, en cada juego, la vida o el fútbol, el margen de error es muy pequeño. Medio segundo más lento o más rápido y no llegas a pasarla. Medio segundo más lento o más rápido y no llegas a cogerla. Las pulgadas que necesitamos están a nuestro alrededor. Están en cada momento del juego, en cada minuto, en cada segundo. En este equipo luchamos por este terreno. En este equipo nos dejamos la vida nosotros, y cada uno de los demás, por esa pulgada que se gana. Porque cuando sumamos una tras otra, porque sabemos que si sumamos esas pulgadas, eso es lo que va a marcar la puta diferencia entre ganar o perder, entre vivir o morir"

Si ahora sustituyes fútbol y vida por trading, tendrás una bonita analogía. Este negocio también va de pulgadas, de pequeñas ventajas que hay que explotar. En un juego de suma cero como este, donde siempre se empieza perdiendo (spread + comisión) cualquier ayuda es poca.

Me gusta comparar el trading con el deporte, piensa en Rafa Nadal, Fernando Alonso, Sergio García, Marc Márquez, deportistas de primer nivel... Todos tienen una cosa en común: la "visualización", todos utilizan esta técnica para rendir a su mejor nivel.

Mucho antes de empezar a competir, proyectan en su mente el resultado deseado, se ven rindiendo al máximo, sin fallos... Recuerdan, visualizan y sienten, otras ocasiones en las que salieron victoriosos... Degustan mentalmente el sabor de la victoria, una y otra vez. Cuando da comienzo la competición, por lo que a ellos respecta, ya han ganado.

Está demostrado científicamente que, el cerebro no distingue entre realidad física y mental. Los procesos cerebrales que se desarrollan cuando visualizas, son muy parecidos (en algunos casos iguales) a los que se dan lugar cuando realizas la actividad físicamente.

Imagina que tienes un limón en la mano, nunca habías visto uno igual, su forma, textura, brilla como el Sol... No te puedes resistir y le das un bocado, la explosión de sabor es brutal... Saboréalo.
¿Qué ha pasado? Has salivado como si estuvieras comiendo el limón de verdad, ¿verdad?

El proceso de visualización, es una herramienta que tienes que utilizar si quieres conseguir lograr tus objetivos, en cualquier faceta de tu vida (incluido el trading).

Recuerda siempre; una pequeña ventaja, puede significar la diferencia entre el éxito y el fracaso, es un juego de pulgadas...

La clave para utilizar esta técnica correctamente, es que te veas mentalmente operando de un modo efectivo... Si te das cuenta, no digo ganando dinero, pues no es lo más importante ahora.

— ¿Qué es lo importante?

— Me preguntas...

Operar bien, controlar todos aquellos aspectos que dependen de ti:

- Ser paciente a la hora de entrar y esperar a que el mercado genere una señal en forma de patrón de entrada.
- Controlar el nivel de apalancamiento que utilizarás, a través del número de contratos, lotes o acciones.
- Determinar dónde estará tu orden de stop de pérdidas, siempre teniendo en cuenta la gestión monetaria.
- Cuándo cerrarás la operación, de qué forma...

Proyecta en tu mente, a diario, siempre antes de operar, la visión de que eres un buen trader. De ese modo, conseguirás que, poco a poco, tu cerebro se habitúe a este tipo de comportamiento. En programación neurolingüística se conoce como: fíngelo hasta que lo seas.

Moraleja

No subestimes el poder que tiene la visualización, no te llevará más de cinco minutos al día y los resultados pueden ser espectaculares. Dicho esto, no hacerlo, supone un coste de oportunidad que no te puedes permitir.

Lección 7

¿Quieres subirte al Dragón Khan?, no pongas Stop

> Donde con toda seguridad encontrarás una mano que te ayude, será en el extremo de tu propio brazo.
> NAPOLEON BONAPARTE

Hace mucho tiempo que aprendí (perdiendo dinero) que la clave de este negocio es la gestión monetaria. Implementarla con disciplina es vital, para poder conseguir tus objetivos de trading.

Dentro de la gestión monetaria, el stop, es la herramienta estrella. Es como un interruptor, un despertador que te hace volver a la realidad.

¿Crees que te conoces a un nivel profundo?, quiero preguntarte algo: ¿has hecho trading alguna vez?, si tu respuesta es negativa, con todos mis respetos, no te conoces todo lo que te imaginas.

He visto a personas equilibradas, pacientes, maduras y responsables, convertirse en un instante en todo lo contrario. La mayoría de las veces, por no respetar el stop de pérdidas.

Con un stop, permaneces tranquilo, lo peor que puede pasar, es que se ejecute, que es para lo que está diseñado. De poco te servirá tener el mejor sistema del mundo, si quitas el stop, uno solo, puede significar el final de tus días como trader, o al menos el fin de tu cuenta.

El trading es un noventa por ciento psicológico, mantener nuestros estados emocionales en niveles que podamos manejar, es una de las claves, esa es la función de un stop.

Si quieres emociones fuertes, apaláncate en exceso y trabaja sin stop... Sentirás como un torrente de adrenalina recorre tus venas y vivirás sensaciones sin igual... Ahora bien, vete despidiéndote de tu dinero, lo perderás todo. Si te apetecen experiencias como las descritas, te aconsejo que te decantes por algún deporte extremo, pues como dice George Soros:

> **"La inversión es aburrida, si te estás divirtiendo mientras especulas, seguramente estés perdiendo dinero."**

Moraleja
Esto es una carrera de fondo, no puedes ganar una maratón en los primeros kilómetros, pero sí puedes perderla. Si corres a máximas pulsaciones desde los primeros metros, es posible que no alcances la meta. No puedes convertirte en un buen trader con una sola operación, pero te puedes ver fuera del juego si se te va de las manos un solo trade.

Lección 8

La diversificación

> El seguro de vida de cualquier especie es la diversidad...
> La diversidad garantiza la supervivencia.
> ISABEL ALLENDE

Mientras escribo estas líneas, miro de reojo el gráfico del Mini S&P 500, no puedo dejar de pensar en la situación que viven los mercados... Los índices americanos en máximos históricos y la volatilidad por los suelos, todo esto ha derivado en una situación de mercado que es mortal para los traders intradía...

El sistema de especulación que yo utilizo para operar el futuro del Mini S&P 500, (lo tienes totalmente detallado en el primer libro de la saga "Escuela de Traders") no está dando muchas señales de entrada.

En ocasiones puedo permanecer una sesión entera de operativa sin poder disparar ni una sola vez (la paciencia es vital en este negocio). Es una situación difícil de gestionar, pocos son aquellos que pueden enfrentarse a este vacío de acción... Faltos de ella, muchos traders se lanzan a un mercado no propicio para aquellos de nosotros que utilizamos sistemas tendenciales intradiarios.

No podemos monitorizar los mercados veinticuatro horas al día. Por ello, hoy más que nunca es necesario contar con más armas en nuestro arsenal.

¿Qué te parecería disponer de una herramienta que te permitiera ganar dinero en mercados laterales?, incluso errando totalmente la dirección del movimiento acabara siendo beneficiosa... Dicho instrumento existe y se llama "Opciones Financieras".

— ¿Qué es eso?
—Preguntas alarmado...

Si vas en serio con esto del trading, es posible que con aprender un sistema en futuros, CFDs, o acciones no sea suficiente... Mi consejo es que aprendas cómo funcionan las opciones... Tu operativa nunca más será igual. Este instrumento, es de lejos, el más desconocido para la mayoría, curiosamente, es a la vez, el más asequible para que logre la efectividad un trader novato...

Con las opciones puedes obtener beneficios acertando la dirección que tomarán los precios, también acertando si va a haber poca o mucha volatilidad, o si los precios se van a quedar en el rango, por poner algún ejemplo. Aprender a utilizar las opciones te servirá para aprovechar todo tipo de situaciones de mercado:

- Sesiones sin movimiento.
- Baja volatilidad.
- Mercados en rango

Además de todo esto, también podrás; gestionar el riesgo de una manera profesional, obtener ingresos extra si dispones de acciones en tu cartera o invertir con una fracción de lo que costaría hacerlo con acciones, obteniendo el mismo beneficio con mucho menos riesgo. Dicho de otro modo: ganarás más dinero, y lo más importante, evitarás perderlo. Sabrás qué hacer para ser consistente y efectivo, ante cualquier situación de mercado, siendo capaz en todo momento de proteger y hacer crecer cuenta.

Lección 9

El conocimiento es poder

> La inversión en conocimiento paga el mejor interés.
> BENJAMIN FRANKLIN

Todo aquello que quieras aprender va a tener su curva de aprendizaje, y solo depende de ti, lo rápido que trepes por ella. Todo se basa en una cuestión de tiempo, esfuerzo y dinero.

Uno de los problemas del trading, radica en la forma en la que se oferta al público en general:

- Haz un cursito de fin de semana y despide a tu jefe.
- Abre una cuenta de bróker con quinientos euros y gana dinero todos los meses desde casa.

Existen dos cosas que son inherentes a la naturaleza humana; la avaricia y la estupidez. Nos cegamos, no razonamos... Este tipo de comportamiento, atrae a toda clase de alimañas (brókeres, gurús, vendehumos). Esta gente, vive de los incautos que se aproximan a este mundillo, sin ninguna preparación, infra capitalizados y con muchas ganas de acción.

Las cosas no ocurren de la noche a la mañana, todo proceso tiene sus etapas.

Nada mejor que una frase para recalcar lo que trato de transmitir:

> "El éxito me ha llegado de la noche a la mañana, sólo ha tardado cuarenta años."
>
> WOODY ALLEN

Si quieres ganar dinero en esta profesión, tienes que formarte y entrenar, como en cualquier otra. Para formar parte de la élite de traders, que ganan dinero con regularidad, tienes que abrazar la filosofía del aprendizaje continuo.

En este negocio nunca vas a saberlo todo y si algún día llegas a tener esta sensación, apaga las pantallas y tomate un descanso, pues es posible que la gran catástrofe (financiera) esté a la vuelta de la esquina. Para aprender algo existen dos caminos:

- El primero: de una manera autodidacta, por tu cuenta, a tu ritmo.
- El segundo: buscar a alguien que haya conseguido lo que tú quieres lograr y que esté dispuesto a transmitir ese conocimiento.

No importa si lo que buscas es convertirte en un trader profesional, o simplemente obtener una rentabilidad a tus ahorros superior a lo que puedes obtener a través de los medios habituales del sistema financiero. Para todo ello, necesitas formación, vivimos en la era del conocimiento, no puedes esperar que lo que aprendiste en la escuela o en la universidad, te sirva para todo el viaje. Abraza la mentalidad de estudiante perpetuo; aprende y mejora todo lo que puedas. Ese es el camino, deja de postergar la toma de acción, crea un plan para adquirir el conocimiento que necesitas y ponte a trabajar.

Adquirir una nueva habilidad, es cuestión de tiempo, esfuerzo y dinero. Si te formas por tu cuenta, necesitarás invertir mucho tiempo, esfuerzo y algo de dinero.

Si por el contrario, lo haces a través de un mentor, invertirás mucho menos tiempo y esfuerzo, pero algo más de dinero. Ninguna opción es mejor que la otra, son diferentes. No importa la que escojas, admite que tendrás que estudiar y practicar.

Contar con un mentor, acorta los plazos y te ayuda a trepar por la curva de aprendizaje a mayor velocidad. Dicho esto, un mentor puede guiarte y enseñarte el camino, tú, tendrás que poner el tiempo, el esfuerzo y algo de dinero.

Lección 10

Crea tu propio plan de acción

> La derrota temporal deberá significar sólo una cosa,
> El conocimiento de que hay algo mal con su plan.
> NAPOLEON HILL

Si eres un trader minorista, tienes que hacer de entrenador y de gestor. Como administrador de tu propio negocio, tienes que saber, por encima de todo, qué es lo que pretendes conseguir con el trading... ¿Por qué estás operando?, solo así, podrás crear un plan de acción acorde a tus objetivos.

Independientemente del nivel que tengas; principiante, alguien que ya opera, incluso un profesional que se dedica full time, necesitas un plan de acción. Las buenas noticias, no te costará ni un euro, solo algo de tu tiempo.

Esto no va de abrir y cerrar operaciones, esperando que la diosa fortuna equilibre la balanza a tu favor... No, necesitas tener una guía y seguir unas reglas muy concretas, que te ayuden a superar todas las etapas.

Dependiendo de qué tipo de trader eres, y de cuáles son tus objetivos, hará falta vigilar unos aspectos u otros, en mayor o menor medida.

En el caso de un novato, el objetivo, debe ser descubrir:

- Cómo funciona el negocio.
- Aprender un sistema de inversión testado.
- Familiarizarse con la gestión monetaria y del riesgo.
- Interiorizar los diferentes patrones del mercado y su comportamiento. Desarrollar las habilidades necesarias para una correcta ejecución de las operaciones.
- Entender los aspectos emocionales de la actividad y cómo estos influyen en los resultados.

Para todo esto, solo necesitas ganas de aprender, tiempo, un programa de simulación y un plan de aprendizaje con objetivos concretos que alcanzar.

La forma más sencilla de comenzar un plan, es crear una lista de preguntas. En ella, deberás incluir aspectos relacionados con esta actividad, a los que tendrás que dar respuesta…. No me extenderé más con este asunto, si te interesa disponer de una guía que te ayude a diseñar tu propio plan, te invito a que leas el segundo libro de la saga:

"Escuela de traders II"

Lección 11

Sigue el sistema

Seguir las normas es siempre mucho más sencillo: te evitas los remordimientos y las culpabilidades, te ahorras las inseguridades, y encima, puedes sentirte orgullosa de lo que has hecho.
MATILDE ASENSI

El ser humano tiene la virtud o el defecto de querer mejorarlo todo. A menudo, algunas personas llevan esto al límite.

Hasta que nació mi hija, hacía trading en real en una especie de clase online colectiva. Todos los viernes nos juntábamos un grupo de personas, algunos operaban conmigo y otros solo querían verlo todo… Al acabar la sesión, charlábamos un rato sobre cómo había estado. En muchas ocasiones, y para mi sorpresa, personas que utilizaban el mismo sistema que yo, hacían exactamente lo contrario de lo que se supone, debían de hacer. Cuando les preguntaba por qué, la respuesta solía ser algo así: he tenido una intuición, yo creía, yo pensaba, me ha parecido…

No hay nada de malo en intentar nuevas formas de operar, dicho esto, el trading va de repetición, hacer lo mismo una y otra vez…

Si has encontrado una nueva técnica o estrategia, genial, pero antes de incorporarlas a tu arsenal de herramientas, ponlas en "cuarentena". Tienes que testearlas, probarlas en diversas situaciones de mercado y determinar sus ratios de éxito y fracaso. ¿Qué probabilidades de acierto tienen?, ¿qué riesgo entrañan?

Eso es hacer las cosas bien, abrir una operación por intuición, sin seguir ningún método o sistema, es lo que se conoce como trading emocional, y eso es la receta para el desastre. ¿Dónde te vas a agarrar cuando el mercado se ponga a moverse en tu contra? Si al entrar al mercado no tienes un plan que seguir, las emociones te van a jugar malas pasadas.

La operativa de trading se basa en tres pilares:

- Sistema de trading.
- Gestión monetaria.
- Psicotrading.

Las dos primeras son sencillas de aplicar, si alguien te dice lo contrario, o intenta venderte un sistema o fórmula de gestión monetaria que no lo sea, date la vuelta, sal corriendo y no mires atrás.

Utilizar un sistema con esperanza matemática positiva, junto con una fórmula de gestión monetaria que se adapte a dicho sistema y a nuestro capital de inversión, es indispensable para poder hacer un trading objetivo, donde las emociones no sean un impedimento para tomar decisiones de especulación acertadas.

Respetando las dos primeras, podrás disfrutar de un estado emocional óptimo, esto te ayudará a que operar no se convierta en una actividad estresante y angustiosa. Sustituye lo dicho hasta ahora, por operar basado en la intuición, o dependiendo de cómo te encuentres anímicamente ese día en particular y verás que todo se complica.

Voy a contarte una anécdota: yo utilizo una técnica muy sencilla, la cual me permite ajustar mi operativa de trading, según sea el nivel de volatilidad que esté experimentando el Mini S&P 500.

Hace ya tiempo, en una de las formaciones que impartí, una vez explicado qué hacer para determinar la volatilidad del mercado, todos teníamos la misma lectura, menos una persona. Después de preguntarle unas cuantas veces si había alterado algún paso, y habiendo contestado que no, en todas y cada una de las ocasiones, al final encontramos el problema. Por su propia iniciativa había incorporado al gráfico tres medias móviles...

Este simple acto, tenía como consecuencia, que el sistema no valiera para nada, pues los datos sobre la volatilidad no eran válidos.

Algunas personas se quejan de que las cosas no funcionan, en ocasiones el problema radica en que no las utilizan correctamente, o simplemente han tratado de ser los más listos de la clase intentando mejorar algo que funcionaba bien.

Moraleja

No hace falta inventar la rueda para ganar dinero en el trading, es más fácil seguir un sistema con esperanza matemática positiva.

Lección 12

Unas palabras sobre el riesgo

> Quien no tiene alas, no debe asomarse al abismo.
> FRIEDRICH NIETZSCHE

No puedo dejar de sonreír cuando pienso en toda la gente que dice que el trading es muy arriesgado, o que los CFDs son un producto complicado (nada más lejos de la realidad) incluso que los futuros y las opciones financieras son armas de destrucción masiva.

Siempre he pensado que la ignorancia es muy atrevida. El riesgo nunca viene del producto, sino de cómo se use este. Al igual que un cuchillo puede utilizarse para matar, también sirve para cocinar. El riesgo siempre lo aporta la persona que usa el instrumento.

Hablemos de un concepto clave en la especulación; el apalancamiento financiero, el cual, no es ni bueno ni malo. Utilizado correctamente, puede ayudarte a conseguir mayor rentabilidad para tu dinero, un mal uso de este, y casi con toda seguridad, quebrarás tu cuenta.

El conocimiento es poder, el trading y la vida son un juego con sus propias reglas, el conocerlas no hace que te conviertas automáticamente en un ganador, pero sí hace que dejes de ser un patético perdedor. La gestión del riesgo (apalancamiento adecuado) es uno de los secretos de esta actividad, los profesionales lo saben, los novatos no.

Estos últimos sueñan con pegar el pelotazo, cuentan el dinero mientras operan, imaginan que: si gano tres puntos del Mini S&P son ciento cincuenta dólares, multiplicado por veinte días son dos mil dólares... Si en vez de un contrato utilizo tres, serán seis mil dólares al mes... La realidad es otra, de nada sirve establecer este tipo de objetivos monetarios, es incluso contraproducente.

Los profesionales se dedican a gestionar los riesgos, pues saben que los beneficios se cuidan solos. ¿Cómo lo hacen?, antes de entrar al mercado establecen el precio que activará la orden de stop loss, junto con el nivel de apalancamiento a utilizar (si es que lo utilizan) y la pérdida máxima en esa operación, sesión o día.

Hay muchas cosas que no dependen de ti, por ejemplo: la cantidad de euros que se pueden ganar por sesión... Intentar forzar para conseguir dichos números, puede jugar en tu contra, puede hacer que no cierres una operación al no haber alcanzado dicha cifra, o incluso peor, salir al alcanzarla sin dejar al precio la posibilidad de ir a tu favor y poder conseguir mucho más beneficio.

Moraleja

El apalancamiento es un arma de doble filo, aprende a utilizarla y úsalo con sentido común.

Lección 13

Aprendiendo a afrontar las pérdidas

> La vida es un negocio en el que no se obtiene una ganancia que no vaya acompañada de una pérdida.
> ARTURO GRAF

El trading no es posible sin las pérdidas, mientras antes te des cuenta de esto, mejor. Por muy buen trader que seas, siempre tendrás operaciones perdedoras, saber gestionar esas operaciones perdedoras, es lo que separa a los que lo consiguen, de todos los demás.

Vivimos en una sociedad, sobre todo en los países católicos y latinos, en los que se nos enseña a huir del fracaso, está muy mal visto. Desde la infancia nos introducen en la cabeza un montón de basura, que nos hace ser vergonzosos, nos limita a la hora de emprender e intentar cosas nuevas. Nos enseñan como a los perros: si lo haces bien, te doy un premio y si lo haces mal, un castigo. El problema es que esto no funciona con la especulación. Puedes hacerlo todo bien, y aun así, acabar perdiendo dinero. La otra cara de la moneda, es que puedes saltarte todas las reglas y terminar ganando dinero, al menos momentáneamente (no te aconsejo que te saltes las reglas, lo pagarás caro…).

Para lograr la consistencia en tu operativa, tienes que poner las cosas en perspectiva… Por muy buen trader que seas, siempre habrá operaciones que se tuerzan y acaben siendo perdedoras. Tienes que aprender a vivir con ello…

Por lo tanto, acepta que te equivocarás muchas veces... No pasa nada que te salte un stop, dos, o tres... ¿Qué problema hay en tener una serie de cuatro operaciones negativas? Lo verdaderamente importante, es mantener las operaciones perdedoras dentro de unos límites de seguridad.

Hablar de porcentajes de pérdida por operación o sesión, no es fácil. No me gusta generalizar, pues cada tipo de trader tendrá un nivel de aversión al riesgo diferente, y cada sistema o instrumento que operes tendrá también sus propias características. Dicho esto, el uso de órdenes de stop que limiten las pérdidas es de obligado cumplimiento para todos los traders, sin importar el sistema que utilicen.

Muchas personas se ponen nerviosas cuando el precio va en su contra y les va a saltar el stop... Yo pienso: no pasa nada, para eso están. Si te salta un stop, sonríe, estás haciendo tu trabajo como trader.

El stop de protección te protege del movimiento que el mercado pueda hacer en tu contra, pero su misión principal es protegerte de ti mismo... Tú eres la variable que le puede hacer más daño a tu cuenta de resultados. Si utilizas el stop, puedes encontrarte en una situación en la que pierdas absolutamente el juicio... Cuando estás dentro de una posición, tu nivel de objetividad baja muchísimo, empiezas a racionalizar, buscando excusas y patrones que te ayuden a confirmar que la operación no es tan mala como parece, incluso es buena. En otras palabras, no eres tú el que está operando, sino tu ego, y con él, la esperanza de que el precio se dé la vuelta y así no tener que afrontar esa pérdida.

Moraleja

Utiliza siempre el stop de protección... Cuando te salte, sonríe, respira profundo, relájate y empieza a buscar la siguiente operación, de eso va este juego.

Lección 14

Entre rangos y tendencias

Puedes ganar muchísimo dinero si aprendes a no perderlo.
La obsesión por ganar es el camino perfecto hacia el desastre.
MICHAEL DUVAN

No existe nada más dañino para tus intereses como trader, que utilizar sistemas tendenciales en mercados en rango, o comprar mínimos y vender máximos en mercados en tendencia.

Si quieres alcanzar un buen nivel como trader, la preparación es fundamental, con ello, me refiero al trabajo que debes realizar antes de comenzar la sesión, incluso antes de abrir una operación.

Para poder operar una sesión de futuros, necesitas dedicar, al menos, entre quince y treinta minutos (previo a la apertura), para realizar el protocolo de apertura y la graficación. Esto, te permitirá plantear escenarios y delimitar cuál ha sido, o está siendo, el movimiento de los precios… En otras palabras, saber si el mercado está en tendencia o en rango.

El buen trading se basa en plantear escenarios, además de, tener un plan que te diga exactamente qué tiene que pasar para que hagas una cosa u otra. El hecho de planificar, te ayuda principalmente a reducir al mínimo la tensión emocional. Si has determinado el tipo de mercado existente y has planificado las posibles entradas, nada malo te puede pasar. Si tus predicciones no se cumplen, no te afectará, simplemente esperarás.

Hablemos ahora de la graficación, el simple hecho de estudiar los gráficos, te evitará en muchas ocasiones abrir operaciones con las probabilidades en tu contra. También te aportará datos importantes:

- Niveles de soportes o resistencias.
- Precio mínimo y máximo del día anterior.
- Tendencia principal.

Todo esto será de vital importancia, una vez estés dentro de la operación y necesites gestionarla. La inmensa mayoría no se toman tantas molestias (por eso los porcentajes de gente que lo consigue son así de bajos), se lanzan a operar, sin más preparación que haber encendido las pantallas... Abren y cierran operaciones como locos, todo para terminar exhaustos, y en la mayoría de los casos, la sesión acaba con un montón de operaciones perdedoras. Ni siquiera se pueden hacer una idea de lo que cambiaría su suerte, solo tomándose el tiempo necesario para preparar la sesión.

Lección 15

El Ferrari

> La actividad física es una de las llaves más importantes para un cuerpo saludable, y la base de una actividad intelectual dinámica y creativa.
> JOHN F. KENNEDY

¿Te has sentido alguna vez apagado, y cabizbajo?, seguro que sí, todos lo hemos sentido en ocasiones… ¡Falta de ejercicio!

— ¿Qué?
— Pues sí, eso mismo. Te falta hacer ejercicio, esto no es el mantra de siempre, es la pura realidad.

¿Tus niveles de energía están en mínimos?... ¡Falta de ejercicio!

— ¿Otra vez?...
— Preguntas contrariado. Sí, es fácil, ¿verdad?

Seguro que alguna vez te has sentido sin energía e incluso un poco deprimido… Has salido a dar un paseo, nadar unos largos en la piscina o montar un rato en bici, y al terminar el ejercicio, la mayor parte de emociones y sensaciones negativas habían desaparecido por completo. ¿Te ha pasado alguna vez?

No subestimes lo que un poco de movimiento físico puede suponer en tu vida, y no hablo solo de resultados en tu operativa.

— Es que no tengo tiempo...
— Seré claro, si no tienes la disciplina necesaria para salir ahí fuera y hacer un poco de ejercicio, no eres la clase de persona que conseguirá sus objetivos, ni en el trading ni en ninguna faceta de la vida. No te lo tomes a mal, simplemente te estoy ahorrando tiempo y sufrimiento, dedícate a otra cosa.

Al hacer deporte el cuerpo libera endorfinas, vulgarmente llamadas la droga de la felicidad. Estas sustancias son poderosos analgésicos segregados por el cerebro y tienen efectos muy beneficiosos para nuestro organismo. El flujo de estas a través de nuestro cuerpo, hace que nos sintamos más felices, positivos y con mayor energía. Justo las sensaciones y el estado anímico que necesitamos para encarar una sesión de trading.

Si quieres rendir al máximo, un poco de ejercicio a diario es la clave. Dicho esto, el que hayas sido una persona sedentaria, no significa que lo tengas que ser toda la vida, no importa lo que hiciste ayer, importa lo que hagas hoy. No tienes que prepararte para correr una maratón, para empezar, con una rutina de ejercicio suave tendrás más que suficiente. Algunos estiramientos, media hora de paseo, unas series de abdominales, flexiones, sentadillas, etc. Si esto no va contigo, puedes probar con algo de Yoga o Pilates, lo que importa es que rompas a sudar y estires los músculos de tu cuerpo.

Si haces trading, pasarás muchas horas frente a los monitores, a eso, añádele que el mundo en el que vivimos se ha convertido en algo sedentario, en el que el uso de nuestro cuerpo se ha reducido a niveles peligrosamente bajos. En una actividad tan exigente mentalmente como esta, tienes que estar fino, centrado, con vitalidad... Esto no te garantiza nada, pero compara ese estado con el de alguien que esté aletargado, falto de energía... Como ya te he comentado antes, en un juego de suma cero, una pequeña ventaja, puede suponer la diferencia entre ser un ganador o un perdedor.

Cambiando de tema, ¿cómo llevas el descanso?, ¿duermes bien? Si eres como la mayoría de población de este país, no. En otras palabras; te quedas hasta tarde viendo la televisión y te levantas temprano para ir a trabajar, estás cansado y tu nivel de energía está por los suelos. ¿Es posible? Así es complicado que te vaya bien el trading, es más, es complicado que te vaya bien nada.

Siempre me he considerado una persona nocturna, odiaba levantarme temprano. Era de los típicos que aprietan el botón de la alarma; cinco minutos, otros cinco y cinco más, como si eso fuera a importar. Trasnochaba todas las noches y me levantaba con ganas de volverme a acostar... Mis ritmos vitales, no eran, digamos, los más adecuados. Todo cambió cuando encontré leí un libro, el cual supuso una auténtica revolución en mi estilo de vida. Se titula:

The Miracle Morning de Hal Elrod.

No te voy a hablar del libro, sería una pena, solo te diré que desde que lo leí, me levanto todos los días de madrugada... Me he vuelto una persona mañanera. Pero lo mejor es que, lo hago con una energía y focus brutal, para cuando el mundo se está levantando, yo ya he meditado, puesto mis metas por escrito, hecho algo de deporte, leído y escrito. Desde que sigo este ritual, mi vida transcurre como en una lanzadera, voy como un misil a reacción... Te lo recomiendo.

Moraleja
Necesitas hacer un poco de ejercicio y revisar tus hábitos de sueño. Si no tienes energía, no puedes rendir al máximo.

Lección 16

La reserva monetaria y la emocional

> No gastes tu dinero antes de ganarlo.
> THOMAS JEFFERSON

Un buen día, un libro cayó en tus manos, en él, se hablaba del trading... Fue como un despertador; más libertad, dinero, movilidad.... Habías encontrado lo que siempre buscaste.

Tras varios meses estudiando, entrenando y simulando ha llegado el momento, estás preparado para dar el salto al real. Enhorabuena, tienes que felicitarte a ti mismo, has hecho un gran trabajo, estás en el camino... Ahora empieza el juego de verdad, con fuego real.

Ahora te encuentras en la casilla número uno, y parecido a lo que pasa en el Monopoly, dispones de inicio, de una cantidad fija de dinero, hasta que ganes o pierdas... En el trading empiezas con dos cuentas, la primera es la monetaria (el dinero que tengas en la cuenta) Si no tienes claro cuánto dinero necesitarás para empezar en el trading, hablo extensamente sobre ello en el primer libro de la serie:

"Escuela de Traders"

En segundo lugar tenemos la emocional...

—Para, que me he perdido.
—Me dices.

Muy sencillo, no solo verás subir y bajar los euros en tu cuenta, también verás oscilar tu cuenta emocional. Imagina que empiezas a operar; estás nervioso, son las primeras operaciones y quieres hacerlo bien. Vas con cautela y esperas pacientemente a que se cumpla algún patrón, para poder abrir una operación. Durante las dos primeras sesiones, consigues unos cuantos puntos gestionando correctamente las operaciones, a final de semana, contabilizas cuatro días buenos y uno malo. ¿Qué crees que les ha pasado a tus cuentas? Exacto, han subido, genial, esto marcha...

La semana siguiente las cosas no salen bien, el mercado está errático y te ves atrapado en varios laterales; un montón de stops ejecutados, y cuatro días de cinco en negativo. ¿Qué le ha pasado a tus cuentas?, Han bajado, ¿verdad? Lo que trato de explicar, es que la cuenta emocional, es igual o más importante que la monetaria. Si la primera baja de un nivel dado, estás fuera del juego.

Sigamos con la historia... Después de esa semana nefasta, pones tu operativa en tela de juicio, haces una lista con los errores que has cometido, y que sabes, debes erradicar. Los días pasan y sigues operando, sin darte cuenta, encadenas dieciocho sesiones consecutivas de ganancias... Lo estás bordando, sigues el sistema y la gestión monetaria a pies juntillas, ves lo que ha crecido tu cuenta monetaria y no te lo puedes creer, ¡menuda rentabilidad! Todos los esfuerzos han valido la pena. ¿Cómo está tu cuenta emocional?, en una palabra, desbordada, se sale, no cabe ni un alfiler... Cuidado, ha llegado el momento de replegar las velas, al menos de momento... A esta misma situación nos enfrentamos, en alguna ocasión, todos los traders...

Joder, dieciocho de veinte, llevo un diez por ciento de rentabilidad en un mes, si hubiera puesto un contrato más llevaría un veinte (tu mente comienza a cegarse con la posibilidad de más ganancias, dejando de lado completamente el tema del riesgo). Ni corto ni perezoso, abres la siguiente operación con el doble de apalancamiento de lo habitual... Acabas de entrar en terreno desconocido, nunca habías operado con tanto dinero... Notas como tu pulso se acelera, la sensación es similar a la que viviste tu primer día de trading, cuando todo empezó. La operación termina siendo perdedora... Vaya, igual he entrado muy pronto. No pasa nada, llevo unos ratios espectaculares y por mis cojones que hoy no cierro en negativo (tu ego empieza a hablar)...

Vuelves a entrar a la mínima oportunidad que te da el mercado, con idéntico resultado, stop ejecutado. Empiezas a ponerte nervioso... ¿Qué está pasando?, ¿no voy a ser capaz de hacer lo mismo con más contratos?, tu diálogo mental continua... El mercado no dibuja ningún patrón definido, pero te da igual, fuera de tu horario de operativa normal intentas la última operación, quieres arreglar lo que está siendo una pesadilla de sesión.

Vale, parece que esta vez sí, el precio titubea unos minutos, pero poco a poco empieza a moverse a tu favor, no espera, se da la vuelta violentamente y avanza peligrosamente en la dirección de tu orden de stop. Mierda, con las prisas no habías mirado el lugar donde te iba a quedar el stop, ahora te das cuenta de que está en mal sitio... Suspiras, vaya día... ¿Y si la quito?, hay un soporte muy importante de largo plazo, y me puedo permitir perder un par de puntos más, seguro que ese nivel aguanta, además, con los beneficios que hice la semana pasada todavía estoy en positivo... Quitas el stop, el precio llega al soporte y frena la caída tal y como esperabas... La verdad, esto del análisis técnico funciona. En eso piensas, si promedio ahora, por poco que suba el precio estoy en break even (punto inicial o sin pérdidas)... Introduces una orden a mercado y nada más ejecutarse el precio se hunde. ¿Cómo es posible?, ¿qué ha pasado?, compruebas si alguna noticia puede ser la causa, pero nada, nadie parece haberse enterado de lo que está pasando. Empiezas a sentir la tensión en tu garganta, tu pulso está acelerado y tienes la boca seca... Minimizas la plataforma del bróker para no ver la pérdida que acumulas, Te dices a ti mismo que tienes que mantener la calma, sabes a ciencia cierta que, el precio tiende a visitar las zonas de soporte o resistencia que han sido perforadas, así que, vas a tener una oportunidad de salir con dignidad. Es lo único que puedes hacer, por un instante piensas en salir y aliviar de ese modo tu dolor. No, tengo que recuperar algo, te dices a ti mismo... El precio sigue cayendo, la situación se ha vuelto insostenible, analizas gráficos en diversos espacios temporales para determinar los niveles en donde el precio podría detenerse... Un pensamiento te visita de repente; ¿por qué no estaré en el otro lado del mercado?, ¿qué ha pasado? Ha llegado la hora de tomar una decisión, determinas que si el precio traspasa el nivel pívot S2, cerrarás y aceptarás la pérdida.

El precio llega a la zona, y como si estuvieran avivando un fuego con gasolina, realiza un desplazamiento que interpretas como una rotura de nivel. Cierras los ojos, aprietas el botón y estás fuera. Te has salido en el mejor momento, no podías haberlo hecho mejor, lo has hecho en el último tick de un clímax de ventas... No puedes detener las lágrimas cuando acto seguido el precio vuelve a recorrer de vuelta todo el camino que hizo que rompiese ese nivel de soporte tan importante, no solo llega hasta allí, se introduce dentro del rango y va buscando el centro de este...

Acabas de destrozar las dos cuentas, el teclado del ordenador es tu próxima víctima, acaba estrellado contra el monitor... Intentas respirar, recobrar la calma, pero te resulta complicado. A lo lejos, tu mujer (esposo, madre, padre, novia, novio) te pregunta qué ha pasado, no logras articular palabra... No recuerdas en tu vida, un momento más amargo, estás en shock. No solo has perdido lo que habías ganado, ha sido mucho más, varios meses de trabajo tirados a la basura.

Esta historia que te acabo de contar, la ha vivido todo aquel que haya hecho trading el tiempo suficiente.

Existen dos tipos de personas; los que aprenden de sus errores y los que son todavía más inteligentes, que aprenden de sus errores y de los que comenten los demás. Tienes que unirte al último grupo.

Moraleja

Si quieres que tu aventura en los mercados no te prive de la salud, sólo hay un camino:

- Sigue las normas, todos los días sin excepción.
- Gestión monetaria.
- Cuando creas que todo lo que tocas lo conviertes en oro, mucho cuidado...

Lección 17

Lo que perdiste ayer no lo puedes ganar hoy

> Ahora es el tiempo oportuno. Ahora es el momento.
> JAMES JOYCE

Lo que perdiste ayer, no se puede ganar hoy. Hoy se puede ganar otro dinero, lo perdido, perdido está. Es importante que aprendas a aislar las sesiones de operativa, cada una de ellas será diferente. Días buenos, días malos, pero siempre distintos.

Si intentas resarcir hoy, los fallos de ayer, tu operativa se puede ver condicionada y verse afectado tu rendimiento. ¿Cometiste algún fallo?, está muy bien saber qué fue para evitar repetirlo, pero hasta ahí.

Qué importancia tiene si te saltó un stop, o si perdiste dinero. A nadie le gusta, pero en este juego es necesario, no existen las ganancias sin las pérdidas, son las dos caras de una misma moneda. Mientras hayas mantenido las pérdidas acorde a tu gestión monetaria, no será nada a resaltar…

Piensa en cada operación que hagas como una más de las próximas mil operaciones que vas a hacer. Si eres capaz de pensar en términos de las siguientes mil operaciones, el resultado de la operación actual será más fácil de asimilar.
¿A quién le preocupa si la operación actual es ganadora o perdedora?, se trata sólo de una operación más.

TOM BASSO

Esa es la mentalidad adecuada, una pérdida no es importante, tampoco una ganancia, es la suma de muchas de ellas.

Trata de no cometer los mismos errores, pero afronta cada día con borrón y cuenta nueva. Sé que todo esto, es más fácil decirlo que hacerlo, pero como cualquier habilidad en esta vida que quieras aprender, es cuestión de práctica, paciencia, y perseverancia.

Moraleja
Aísla cada día de operativa, no te lleves de una sesión a otra las sensaciones negativas, piensa que una serie de pérdidas controladas, no son nada en una muestra amplia de operaciones. Opera lo mejor que puedas hoy, sin pensar en lo hecho ayer.

Lección 18

¿El tamaño importa?, pues sí...

> Caballo grande, ande o no ande.
> REFRANERO ESPAÑOL

Un error muy común, que comete mucha gente que se inicia en el trading, es hacerlo con cuentas infracapitalizadas, dicho de otro modo, con muy poco capital. Los gurús y demás especímenes, pregonan: con quinientos euros, cualquiera puede empezar a operar y conseguir la libertad financiera. Una falacia, como cualquier otra.

Para evitar problemas y desilusiones, determina qué quieres conseguir con el trading... Se pueden dar varios escenarios:

Primer escenario
Aprender esta profesión, para lo cual, empezar a operar con pequeñas cantidades es lo adecuado, esto te permitirá trepar por la curva de aprendizaje, a la vez que aprendes a superar los aspectos emocionales intrínsecos de este negocio.

Segundo escenario
Obtener unos ingresos extra que complementen los que ya obtienes de tu actividad laboral.

Tercero escenario
Ser capaz de gestionar parte de tu patrimonio.

Cuarto escenario
Dedicarte al trading de un modo profesional.

La clave reside en tener muy claro aquello que deseas. Pues las necesidades cambian en cada nivel.
　Para empezar en este negocio lo único que necesitas es tiempo, mucha ilusión y ganas de aprender. En cuanto al dinero, cualquier cantidad te vale; quinientos, mil, dos mil euros (hay muchas posibilidades de que los pierdas, tómatelo como parte del entrenamiento)...
　Si ya has avanzado a la segunda etapa, vas buscando generar recursos extra que cumplimenten tus otras fuentes de ingresos. Eso significa que ya has estado operando por tu cuenta, te defiendes, utilizas adecuadamente el apalancamiento, sigues las normas del sistema, la gestión monetaria, y estás consiguiendo unos ratios que te permitan afrontar la operativa con ciertas garantías. Consideras el trading como algo accesorio y pase lo que pase con tu cuenta de resultados no influirá en tu vida personal de un modo dramático.... En este caso, con cuentas relativamente pequeñas puedes hacer cosas muy interesantes, desde cuatro o cinco mil euros... La clave, reside en que no dependes del trading para costear tu estilo de vida. Por lo tanto, las trampas psicológicas a las que te enfrentas cuando solo dependes del trading para vivir, no te afectarán.
　Tercer escenario: has generado cierto patrimonio financiero, te gusta tu trabajo, has probado con el trading pero no sientes que sea tu pasión y no te ves dedicándote a ello full time. Aún así, siempre es importante adquirir cierto nivel de cultura financiera y sofisticación a la hora de gestionar nuestros recursos. Vas a tener que correr riesgos, controlados por supuesto, pero riesgos, al fin y al cabo. Plantear que cantidad de tu patrimonio destinar para hacer trading, no es sencillo, pues depende del tipo de persona que seas, tu situación económica, familia, social...
Te puedo dar mi opinión, los recursos destinados al trading no deberían suponer más de un veinte por ciento de tu patrimonio. Además de ser un dinero que te puedas permitir perder (si lo pierdes todo, no afectará a tu modo de vida).

De esta manera, en caso de obtener pérdidas, cabe la posibilidad que alguno de los otros componentes de la cartera de inversión, compensen dichas minusvalías.

Cuarto escenario: te quieres dedicar a esto full time, tu objetivo es ser un operador profesional y vivir del trading... Lo que te voy a decir, es posible que no sea de tu agrado, pero no podrás decir que te oculté la verdad. Vas a necesitar una cuenta de seis cifras, por lo menos. Incluso así, no hay garantías de que lo consigas... Yo nunca pude, solo lo conseguí cuando mi vida no dependía exclusivamente de los ingresos del trading (otras fuentes de ingresos), por una sencilla razón, la presión psicológica de tener que ganar dinero mes tras mes, te asfixia. Hasta que descubrí cuál era el problema me costó la salud y quebrar dos señoras cuentas... Cuando conseguí relajar la presión operando, todo cambió, lo que siempre salía mal, ahora funcionaba... Aunque no me confío, soy humilde, sé que no puedo bajar la guardia, tengo que seguir aprendiendo y mejorando. Por si acaso, no dejé de desarrollar otras fuentes de ingresos, por si llega el invierno a mi operativa de trading, como a veces ocurre.

Resumiendo: para conocer el tamaño de la cuenta necesario, unos simples cálculos matemáticos bastarán para llegar a una conclusión... Antes de nada, pongamos los pies en la tierra; rentabilidades sostenidas de un treinta por ciento anualizadas, y no pararían de enviarte dinero para que lo gestionaras, incluso es posible que te ofrecieran un puesto para dirigir algún hedge fund.

Los números no engañan, si tienes cincuenta mil euros en la cuenta y obtienes un treinta por ciento, ganarás quince mil euros. Si no llegas a estos números y te quedas en un quince por ciento, ganarás siete mil quinientos euros, eso sin contar los impuestos... Si puedes permitirte vivir con estas cantidades, genial. Sino es el caso, lo siento, tendrás que mantener tu trabajo actual y tomarte el trading como un proyecto paralelo. Es posible, que estés pensando que con estas cantidades, aspirar a esa cifra tan baja es un poco pobre... Es posible, pero si algo he aprendido en mis años como especulador, es que los castillos en el aire acaban por derrumbarse.

Moraleja
Decide en qué escenario trabajarás, pues cada uno necesita diferentes herramientas.

No te dejes engañar por cantos de sirenas... Puedes conseguir los objetivos que te propongas en cualquiera de las fases, pero tendrás que estar dispuesto a pagar el precio, en forma de tiempo, dinero y esfuerzo. Nadie regala nada. Si algo parece demasiado bonito para ser verdad, seguramente no lo sea.

Si quieres dedicarte al trading en exclusiva tómatelo como un negocio, ¿qué negocio genera rendimientos en el primer año?, muy pocos. Asegúrate de tener un buen colchón en forma de capital, aparte de tu cuenta de trading que te permita costear tu estilo de vida al menos por este tiempo. También es de gran ayuda, que desarrolles otras fuentes de ingresos que complementen lo que generes con el trading.

Lección 19

Gestión de la posición

> La gestión eficaz siempre significa hacer la pregunta correcta.
> ROBERT HELLER

La habilidad clave que separa a los profesionales de los aficionados, es la gestión de las posiciones. Introducir una orden de stop que limite las pérdidas y una orden limitada para recoger los beneficios, no es gestionar la posición. El concepto engloba mucho más, significa tener un plan detallado antes de apretar el gatillo, hay que tener escenarios planteados y haber resuelto previamente algunas cuestiones tales como:

- ¿Cuánto apalancamiento va a ser necesario?
- ¿Dónde están los siguientes niveles de soportes o resistencias?
- ¿Cómo voy a salir de la operación?
- ¿Usaré órdenes limitadas o saldré manualmente?
- ¿Voy a cerrar parte de la posición cuando obtenga cierto beneficio, o dejaré correr el trade utilizando un stop dinámico?

En mi caso, la gestión de la posición varía dependiendo del activo que esté operando. Por ejemplo: si estoy operando futuros, tengo por norma entrar al mercado con el mayor número de contratos que me permita la gestión monetaria para esa operación y sesión en particular.

Si una vez dentro el precio corre a mi favor, descargaré cerrando la mitad de la posición al finalizar el primer impulso que el precio marque, independientemente de lo extenso que haya sido el movimiento. Lo que consigo con esto, es permanecer con mi máximo riesgo el menor tiempo posible en el mercado. Si la longitud de dicho impulso es mayor de tres puntos, hablando del Mini S&P 500, moveré mi stop de protección al límite de no pérdidas, eso quiere decir, un tick por arriba del nivel de entrada si estuviera largo, o un tick por debajo estando corto. La otra parte de la posición la dejaré correr, intentando extraer el mayor beneficio posible... Iré moviendo el stop de beneficios a medida que el precio se vaya moviendo a mi favor, y dejaré que sea el mercado el que me saque de la posición, esto podrá ocurrir cuando el precio rompa la estructura alcista o bajista, dependiendo de si he comprado o vendido. Encontrarás una explicación de esta técnica con todo lujo de detalles, en el primer libro de esta serie.

Cuando opero en el mercado de divisas Forex, lo suelo hacer con plazos temporales mucho más largos, mis operaciones pueden llegar a durar meses. La filosofía detrás de esta estrategia, es muy distinta a la de los futuros. Cuando hablo de gestionar la posición en Forex, me refiero a cuantos lotes voy a introducir al abrir la operación, aquí lo hago al revés, entro al mercado con una pequeña cantidad, y a medida que el precio va a mi favor, voy añadiendo lotes. Trato de tener posiciones múltiples, cada una con su propio nivel de riesgo. Mi objetivo es conseguir una posición grande, hecha de muchas pequeñas que no tengan riesgo, ya que habré ido moviendo el stop de protección a medida que el precio se mueva a mi favor. Eso es lo que yo llamo un freeroll, o jugar con el dinero del mercado.

Lección 20

Tu Rinconcito

El orden es el más hermoso ornamento de una casa.
PITÁGORAS

El lugar donde realizas la actividad, es un punto importante a tener en cuenta. No todo vale, pregúntate a ti mismo: ¿dispongo de un lugar tranquilo, ordenado y apropiado para operar? Si tu respuesta es no, estás en desventaja con aquellos traders que sí lo tengan.

Hay un libro, que sin tener nada que ver con el trading, podría suponer un antes y un después, en la operativa de cualquiera que lo lea y ponga en práctica sus enseñanzas, se titula:

La magia del orden. de Marie Kondo

No podemos concentrarnos correctamente si nuestro espacio de trabajo está desordenado, es una fuga constante de energía, que sin darnos cuenta nos priva de estar al cien por cien. Son esas pequeñas cosas, que no dependen de los mercados, y que como traders que arriesgamos nuestro capital a diario, deberíamos tener a nuestro favor y no en contra.

Cuando hablo de disponer de un espacio que esté acondicionado para la actividad, no me refiero a tener un despacho con veinte monitores, cuatro portátiles, dos líneas de internet y televisión vía satélite. He visto a mucha gente perder hasta la camisa con similar infraestructura.

Lo que quiero decir, es disponer de un espacio en el que solo hagas eso, una especie de santuario, donde puedas estar tranquilo, un lugar que esté ordenado, con lo estrictamente necesario para operar, en el cual no vayas a tener interrupciones mientras dure la sesión. Creo que todos podemos disponer de algo así. Si no es tu caso, tendrás que hacer algo al respecto.

Moraleja
Encuentra un lugar en el que puedas construir tu madriguera, acondiciona el sitio, mantenlo ordenado y no lo sobrecargues de objetos inútiles para tu operativa... Minimalista, es la palabra. Comprobarás como te es más fácil concentrarte y entrar en estado de flujo...

Lección 21

¿Qué hacer cuando nada sale bien?

> Estoy preparado para lo peor, pero espero lo mejor.
> BENJAMIN DISRAELI

Si has entrado en una espiral de destrucción, lo mejor es detenerse. Sí, para tu operativa por completo, no hagas nada. Lo importante en estos momentos es protegerte de ti mismo, si sigues operando en ese estado, hay muchas posibilidades de quebrar la cuenta, te hablo por experiencia. A veces es necesario hacer un alto en el camino, tomate unos días, no enciendas las pantallas, no escuches las radios económicas, aléjate de todo lo que huela a mercados y trading. Después de este descanso, lo que tienes que hacer es poner tu operativa en tela de juicio.

- ¿Cómo he llegado hasta aquí?
- ¿Qué ha pasado?
- ¿Estoy cumpliendo las normas?
- ¿Están los stops muy ceñidos?
- ¿Cómo estoy entrando al mercado?
- ¿Qué hay de la volatilidad?
- ¿Es simplemente mala suerte?
- ¿Estoy operando bien?
- ¿Qué estoy haciendo mal?

- ¿He sobrevalorado mi capacidad?
- ¿Son significativas las pérdidas?
- ¿Sigue funcionando mi sistema?
- ¿He ejecutado las operaciones según el sistema?
- ¿Se han producido deslizamientos en el precio de entrada y salida?
- ¿Estoy operando con una cuenta infracapitalizada?
- ¿Tengo suficiente capital para seguir operando este sistema?
- ¿Estoy operando bajo los efectos del estrés?

El simple hecho de tomar consciencia y estudiar tus resultados desde otra perspectiva, puede ayudarte a romper el bloqueo que estés experimentando. Es posible que sea cuestión de mala suerte, o quizás estés haciendo algo mal. Al dar respuesta a las cuestiones planteadas, podrás determinar, si es una mala racha, o algo peor (eres tú mismo el que ha creado esta situación). Para lo primero, reduce el apalancamiento al mínimo, de ese modo puedas ir ganando otra vez confianza. Para lo segundo, paciencia, tienes que determinar cuál es el principal problema y trazar un plan detallado para resolverlo.

Dicho esto, no se puede arreglar veinte cosas a la vez, si concluyes que son varios los culpables, empieza por el más importante, una vez lo hayas erradicado, céntrate en el siguiente...

Lección 22

Superman

> Donde hay soberbia, allí habrá ignorancia;
> más donde haya humildad, habrá sabiduría.
> SALOMÓN

Te sientes ganador, estás en racha, le has cogido el pulso al mercado, lo empiezas a ver todo fácil… Disparas aquí y allá, los euros no paran de engrosar tu cuenta de trading. Estás confiado, no dudas ni un segundo de tus habilidades, aprovechas el momento, nada malo puede pasar…

Peligro, conozco esa sensación, las veces que peor les ha ido a mis cuentas monetaria y emocional, ha sido en situaciones similares a la descrita. Déjame que te de un consejo, es posible que sea el más importante que puedo ofrecerte… Nunca pierdas la humildad, jamás le pierdas el respeto al mercado y no te vanaglories de tu habilidad…

Está muy bien que vayan saliendo las cosas, que mejores progresivamente, ver tu cuenta subir… No te confíes, el mercado es a veces siniestro, cuando todo parece ir bien, es cuando más atención debes prestar a tu operativa, no te relajes y no bajes el ritmo. Sigue trabajando la disciplina, no te saltes las normas de la gestión monetaria… No tenses demasiado la cuerda, sigue haciendo lo que estás haciendo y piensa que la buena suerte no dura para siempre.

El verdadero trader sigue haciendo lo que tiene que hacer sin importar si las cosas están yendo bien o mal. En pocas palabras:

"Tu nivel como trader, viene dado por lo duro que trabajas en tu operativa cuando estás ganando dinero"

Moraleja
No bajes la guardia, no te creas "Superman", una sola operación perdedora, puede acabar con meses de beneficios. Alza la bandera de la humildad, agradece todo lo bueno que te está sucediendo, espera lo mejor, pero prepárate para lo peor.

Lección 23

He encontrado a mi Gurú

Tan solo los mediocres nunca tienen un mal día.
ANÓNIMO

Muchos traders se pasan los días escuchando radios económicas, las noticias, leyendo periódicos... Esperan que alguno de los seres que allí habitan; analistas, economistas, periodistas, les desvelen el Santo Grial de la especulación, que les permita pegar el pelotazo que tanto ansían. Siguen lo que el gurú les dice a pies juntillas, hasta tales extremos, que pueden incluso verse fuera del juego (quebrar cuenta).

Si piensas que por seguir a un gurú conseguirás resultados por encima de la media, es que no has entendido nada. En el trading estás tú solo. Tú contra otros operadores, contra el mercado, y lo más importante, contra ti mismo.

Todos estos personajes que aparecen y desaparecen en los diferentes medios no son mejores que tú, piénsalo un momento, si lo fueran no estarían paseándose de plató en plató, con esto no quiero decir que sean unos farsantes, hay de todo, conozco algunos que son buenos traders, otros directamente son un cáncer que habría que extirpar.

Todavía no entiendo que se permita a esta gentuza, ir pregonando a los cuatro vientos, que con un cursito de fin de semana y una cuenta de mil euros, puedes ganarte bien la vida en este negocio, es una falacia más grande que la irresponsabilidad de quien la difunde.

Cuando te encuentres con alguien, mírale a la vida, hablar todo el mundo sabe, lo que hay que ver es si esa persona hace lo que dice, así de sencillo.

Olvídate de todos los gurús, da un paso adelante y empieza a responsabilizarte de todo lo que le pase a tu cuenta de trading. Si las cosas te van mal será por tu incapacidad y si las cosas te van bien será por tu habilidad, así de fácil.

Tienes que desarrollar lo que se llama desapego a la información, el trading tiene un componente psicológico muy alto, ¿por qué muchas personas siguiendo el mismo sistema, algunas pierden y otras ganan? El sistema es importante, la gestión monetaria, el psicotrading también, pero cómo lo aplicas, cómo te comportas cuando estás dentro de una operación, es lo que marca la diferencia.

No hay ningún gurú que pueda operar por ti, nadie te va a poner los euros en la cuenta. Sé un estudiante, pero nunca un fanático. Es posible que formes parte de los planes del gurú, pero no como te gustaría...

Moraleja
El único gurú del que te puedes fiar, que nunca te abandonará y en el que puedes confiar, eres TÚ.

Lección 24

Los Stops

> Torpe pérdida, es la que por negligencia se hace.
> SÉNECA

Uno de los mantras más extendidos en esta actividad es: mantén las pérdidas pequeñas utilizando órdenes de stop. Esa es la base sobre la que se sustenta una buena operativa de trading. Dicho esto, una mala utilización de este concepto, puede hacer que tus resultados no sean los deseados. La correcta colocación de las órdenes de protección es un arte más que una ciencia.

Enfrentarse a los mercados con unas normas rígidas o estáticas, no suele ser lo más eficiente. Es imperativo protegernos, si el mercado se mueve en nuestra contra, pero solo alcanzarás la maestría, cuando coloques las órdenes de stop en niveles técnicos. Estos son los niveles, en los que para que sean ejecutados, el escenario que habías contemplado para esa operación, debe no haberse cumplido. Por ejemplo: el mercado rompe un rango, esperas que el precio finalice el impulso, mides dicho desplazamiento, e introduces una orden de entrada en un porcentaje del retroceso. Debes de colocar el stop en una zona, en la cual, en caso de ejecutarse, significa que el mercado ha roto el escenario alcista que se dibujaba, si no lo haces así, en muchas ocasiones te saltará el stop.

Para ver con desilusión, como acto seguido, el precio vuelve a retomar su camino alcista o bajista... Dejándote con un sabor de boca y una sensación, incluso peor que la experimentada cuando se ejecuta el stop.

Otra clave para un uso adecuado de esta herramienta, es determinar previamente dónde quedará colocado. De ese modo, podrás calcular el nivel de pérdida y apalancamiento necesario para que tu operación no exceda los límites de la gestión monetaria.

Imagina que tienes treinta mil euros y que vas a operar el Mini S&P 500, dicha cantidad, te permite operar con tres contratos. Calculas que necesitarás tres puntos de stop, que multiplicados por tres contratos son nueve puntos o cuatrocientos cincuenta dólares... Posiblemente, esta pérdida exceda lo permitido por la gestión monetaria para una operación, si es así, es mejor entrar con menos contratos (reduciendo el apalancamiento), que tener el stop mal puesto. Asegúrate de algo: si se ejecuta, es que el mercado se ha girado y no tiene ningún sentido permanecer en la operación. El simple hecho de gestionar el riesgo antes de entrar al mercado, te proporciona una ventaja, si lo comparamos con todos aquellos traders que no lo hacen y colocan el stop siempre igual, independientemente de la situación en la que se encuentre el mercado.

Moraleja

Gestiona el riesgo antes de abrir la operación, coloca el stop en niveles técnicos, que sea el precio el que te dé o te quite la razón, conseguirás que te salten menos stops e incrementarás de ese modo tu porcentaje de operaciones positivas.

Lección 25

La travesía en el desierto

> Siempre he creído que no importa cuántos disparos falle...
> Acertaré en el siguiente.
> JONATHAN SWIFT

Atrás quedaron ya los días del simulador, pasaste por las fases de pérdidas y has sobrevivido a innumerables sesiones de operativa en los mercados, te has curtido en mil y una batallas. Has aprendido a esperar las oportunidades, entiendes los procesos mentales que se producen mientras operas, y has conseguido a base de esfuerzo y dedicación, controlar tus emociones cuando haces trading. Sabes leer los gráficos, utilizas eficazmente el apalancamiento, no te saltas las reglas, no sobre operas... ¿Por qué los números no terminan de salir?

Bienvenido a la travesía del desierto... Estás en la zona de "ni pierdo ni gano". Lo primero, tienes que felicitarte y darte el crédito que mereces... Más del ochenta por ciento de los que emprenden el viaje, no alcanzan la fase donde te encuentras tú ahora. Por lo tanto, muéstrate respeto, te lo has ganado. Sé que es duro, lo he vivido en mis propias carnes, pero el camino que lleva a la consistencia pasa irremediablemente por esta etapa.

Ahora, más que nunca, tienes que utilizar tu cuaderno de trading, para estudiar tus patrones de conducta al operar.

No te conozco en persona, pero seguramente te estás saboteando, algo en tu mente te impide alcanzar el éxito.

¿Sabes lo que son las creencias limitantes?, seguro que habrás oído hablar de ellas, pues apostaría que una o varias, son las culpables de tu falta de progreso. Eso, junto con algún pequeño ajuste en las tácticas y estrategias que utilizas: afinar los niveles de entrada, cómo gestionar las posiciones, el nivel de apalancamiento, etc...

En ocasiones, nosotros mismos no somos capaces de analizar este tipo de situaciones de un modo objetivo. En estos momentos, puede ser de gran ayuda que alguien nos eche una mano, pues no estará implicado emocionalmente y podrá ser imparcial. Sería muy beneficioso que esta persona fuera un trader experimentado, ya que habrá pasado por la misma situación. Recuerda, un pequeño cambio puede significar una gran diferencia.

Lección 26

Porque yo lo valgo

> Los homenajes se hacen en vida.
> HUGO SÁNCHEZ

Una buena manera de entrenar tu mente, son los refuerzos positivos. En el trading, esto se traduce en premios, tocar el dinero. Es importante que saques parte de los beneficios que generes y te los gastes, es una de las mejores formas de protegerlos. Para ir asentando las conductas positivas de nuestra operativa, nada mejor que disfrutar del dinero que ganamos.

Qué puede haber mejor que coger parte de esos beneficios y planear un viaje con toda la familia, hacer partícipe a todos tus seres queridos de tus éxitos como trader. Con experiencias así, tu mente irá aceptando que ganas dinero con el trading, que es posible generar recursos con esta actividad y que eres un trader de éxito. Pruébalo, puedes sorprenderte con los resultados que experimentarás.

Lección 27

Las Metas

Las metas transforman un paseo al azar en una persecución.
MIHALY CSIKSZENTMIHALYI

La mayoría de traders, cuando les hablas de trabajar con metas, lo primero que piensan es: cuánto dinero van a ganar por día... Error, si fijas así tus objetivos te estás poniendo palos en la rueda. Es imposible saber cuánto dinero vas a ganar por sesión, no puedes conocer el resultado de tus operaciones de antemano. ¿Sabes qué pasará cuando estés ganando esa cantidad?, sentirás un deseo irrefrenable de salir de la operación, pues tu subconsciente te dirá que ya has alcanzado tu objetivo. Pero, ese día el mercado podría experimentar un movimiento importante, del cual no participarías... Dejándote de ese modo mucho dinero en la mesa.

Veamos otro ejemplo: imagina que estableces una meta de ganar trescientos euros al día, ¿qué va a pasar cuando lleves dos semanas sin conseguir ningún día alcanzarla?, vas a sentir desilusión, frustración e incluso rabia... Estos sentimientos no son buenos compañeros de viaje. Este tipo de objetivos, pueden perjudicarte más que ayudarte, pues en gran medida, no dependen de ti el conseguirlos.

Las metas que deberías marcarte, van por otro camino... Recuerda esto; los profesionales se dedican a gestionar los riesgos, los beneficios se cuidan solos.

Establece metas en cuanto a la pérdida máxima por operación y sesión, o cómo conseguir superar algún patrón de conducta negativa o auto sabotaje que hayas detectado en tu operativa. Por ejemplo: si sueles precipitarte al entrar, un objetivo sería, abrir solo operaciones en un determinado porcentaje del retroceso, mediante una orden limitada, de ese modo, asegurarte que entras en el lugar adecuado.

Otros ejemplos que me vienen a la mente serían:

- Voy a cerrar el cincuenta por ciento de la posición cuando el precio se mueva tantos puntos a mi favor, y voy a mover el stop a límite de no pérdida, dejando la otra parte correr. Iré moviendo el stop de beneficios un punto por debajo de los nacimientos de los impulsos que el precio vaya dibujando hasta que se ejecute.
- No voy a entrar al mercado por debajo o por arriba de los pívots points, si la relación ratio beneficio es menor a 1/1
- No abriré una operación a no ser que el precio rompa el rango claramente y se haya desarrollado un movimiento tendencial.
- No operaré los minutos previos a que se produzca una noticia de nivel tres, ya que podría darse episodios de alta volatilidad.

Como ves, no he hablado de dinero en ninguno de los ejemplos. Establecer este tipo de objetivos es la manera más eficaz de trabajar. Al hacerlo, crecerá tu confianza, pues irás viendo que tienes la disciplina suficiente para establecer y cumplir estos pequeños hitos, mientras vas aprendiendo a controlar aspectos más importantes. Todo lo que puedas hacer para ir tachando pequeñas metas de la lista, supondrá un refuerzo psicológico y una sensación de control que te va a ayudar a conseguir objetivos mayores.

El trading es un juego de sensaciones, tienes que intentar a toda costa trasladar el estado mental positivo generado en una sesión para la siguiente (seguir las reglas y lograr las metas en una sesión, cumple este objetivo). Igual de importante es evitar llevarte estados emocionales negativos (producidos en la mayoría de los casos por saltarte las reglas) de un día para otro.

Lección 28

El confidente

> ¡Raro y maravilloso es ese fugaz instante en el que nos damos cuenta de que hemos descubierto un amigo!
> WILLIAM ROTSLER

Esta actividad es muy solitaria, no tiene nada de glamour. Cuando empezamos, todo son sueños de color de rosa, con el tiempo se desvanecen y nos enfrentamos a la verdad. Demasiada soledad puede ser peligrosa, el ser humano es un animal social, necesitamos del contacto de otras personas. El aislamiento y tragarnos los problemas como si fuesen una píldora, no suele ayudar.

Para poder rendir al máximo, tienes que estar en paz, relajado... ¿Cómo estarlo si de ti depende el futuro de tu familia y esta aventura del trading no está saliendo como esperabas? Tienes que soltar lastre o acabarás hundiéndote. Encuentra a alguien con el que puedas hablar, lo ideal sería que fuera un trader experimentado, pues habrá pasado por los mismos estados emocionales y te entenderá a la perfección, incluso es posible que pueda ayudarte... De cualquier modo, aunque esa persona no sepa nada de trading, el mero hecho de soltarte y contarle cómo te está yendo puede significar un alivio importante.

Si quieres ir más allá, sería perfecto que, además, tuvieras que rendirle cuentas de tus operaciones. Esto haría que toda esa basura dentro de ti, salga y puedas sentirte mejor para operar.

Ya sabes que el trading es un juego de pulgadas, de pequeñas ventajas, y debemos poner todas las que podamos a trabajar para nosotros. Busca a tu confidente, háblale de tus progresos, de tus tropiezos, de tus objetivos, de cómo te está yendo...

Lo que viene ahora, es una historia personal que confirma lo que hemos tratado en esta lección.

Corría el año 2003, mi padre había liquidado todos sus negocios para ser trader a tiempo completo... Yo no tenía ni idea de lo que era el trading... De alguna manera, mi padre me convenció para que montásemos una empresa dedicada a la especulación en el mercado Forex. Supongo que es fácil seducir a un chaval, como yo era entonces, con sueños de dinero rápido... Creamos la empresa, yo me despreocupé por completo y mi padre se puso a operar... A los pocos días empecé a preguntar impaciente, ¿cómo va?, ¿cómo ha ido hoy?, ¿cuánto hemos ganado?, mi padre siempre me respondía; muy bien, genial, hemos hecho pasta... Así fueron transcurriendo los días, todos con la misma cantinela... Aunque sus respuestas eran siempre parecidas, algo dentro de mí, me decía que las cosas no estaban saliendo tan bien como parecían. Empecé a preocuparme por mi dinero y por la situación de mi padre, pues se pasaba casi todo el día delante del ordenador. Sinceramente, para lo bien que decía que iban las cosas, su semblante no lo reflejaba.

Al poco tiempo todo se precipitó... Llegué una tarde de trabajar y como de costumbre, me fui directo al despacho de mi padre a preguntarle por nuestras inversiones, nuestros sueños... No pudo aguantar la presión y explotó en llanto. Ha sido la única vez en mi vida que he visto a mi padre llorar. Me intentó decir, entre sollozos; que lo podía conseguir, que sabía lo que hacía, que la culpa era el mercado que le había jugado un mala pasada. Yo por aquel entonces no sabía nada de trading, pero ver llorar a mi padre así, me impactó.

Mucho ha llovido ya desde que mi padre nos dejó, gracias a él aprendí muchas lecciones importantes... No puedes guardarte todo lo malo dentro, hay que sacar la basura. Mi padre solo recuperó la lucidez y la confianza me confesó todo. No dejes que eso te suceda a ti.

Moraleja: Busca a tu confidente, una persona a la que puedas contar tus sentimientos, progresos, tropezones, alguien con quien sincerarte.

Lección 29

La trampa del tiempo

El tiempo es el mejor autor; siempre encuentra un final perfecto.
CHARLES CHAPLIN

Desconozco los motivos que te han llevado a convertirte en un trader, es posible que alguno de ellos sean: dinero fácil, desde casa, sin jefe, sin horarios y dedicándole poco tiempo. ¿Estoy en lo cierto? Ten mucho cuidado, creo que has caído en la trampa, en la misma que caí yo, hace ya mucho tiempo... Cuando llegue a este negocio me lo vendieron de una manera, la realidad es bien distinta. A todos nos atrae la idea de ganarnos la vida fácilmente, sin necesidad de invertir demasiado tiempo, sin mucho esfuerzo... El trading no es así, pero eso vende mucho.

Al igual que los comerciantes de crecepelo, que vendían sus potingues en el lejano oeste, encontrarás en este mundillo a sus parientes cercanos. Estos te adularán, embaucarán y conseguirán que acabes creyéndote sus fábulas. La realidad es bien distinta; los americanos suelen decir:

"There is no free lunch."

Traducida al español, para aquellos que no estén muy puestos en la lengua de Shakespeare,

"Nadie da duros a cuatro pesetas"

Cuanto antes lo aceptes mejor para ti. Eso de operar media horita al día, y generar beneficios para poder vivir como un sultán, no se sostiene. Si de verdad te vas a dedicar a esto, quítate esa idea de la cabeza...

Ya te he hablado de las dificultades que entraña esta actividad, si a eso le añades tener que ser efectivo en menos de treinta minutos... Estoy convencido que existe mucha gente que se gana muy bien la vida trabajando dos horas al día. Dicho esto, no conozco a ningún trader que lo haga, los que conozco, viven para el trading, nada más levantarse encienden las pantallas, se van a la cama pensando en trading... Eso no significa que estén todo el día operando, pero la mayoría del tiempo gestionan posiciones abiertas, estudian su operativa, los mercados, analizan y plantean escenarios, buscando patrones para poder abrir la siguiente operación. Les gusta lo que hacen, les apasiona el trading, los peores días para ellos son los fines de semana, porque los mercados están cerrados.

¿Tienes ese nivel de compromiso?, ¿estás dispuesto a dejar de lado otras muchas cosas para centrarte en tu trading? Recuerda, nadie duros a cuatro pesetas. ¿Crees de verdad que con media hora al día vas a lograr que el dinero de uno de esos traders vaya a parar a la tuya?

El trading puede llegar a ser tu forma de vida, puedes ganar dinero, incluso algún día despedir a tu jefe, pero no es un camino de rosas. Vas a tener que dedicarte en cuerpo y alma, dar lo mejor de ti, y eso no es cuestión de un ratito al día.

Moraleja

Si te vas a dedicar al trading, hazlo con la mentalidad de jornalero. Tienes que ir todos los días a trabajar, hay que producir... En este caso será riqueza, no tornillos, cambiarás la fábrica por tu despacho, lo demás será todo igual.

Lección 30

El miedo a la pérdida

No te aflijas. Cualquier cosa que pierdes vuelve a ti en otra forma.
RUMI

Cuando empiezas con el trading te hacen creer que todo será cosa de coser y cantar... Practicar, aprender el sistema de inversión, utilizar la gestión monetaria, y es solo cuestión de tiempo que lo consigas. Todo esto es cierto, el problema es que solo es una parte de la verdad.

En este negocio la parte psicológica es muy importante; el sistema, las normas y la gestión monetaria, hasta un mono podría aprenderlas. La diferencia entre el fracaso y el éxito, reside en la gestión emocional que realices cuando operes. Una de las emociones más dañinas con la que te vas a enfrentar, es la que produce el miedo a la pérdida.

Voy a contarte lo que creo que me impidió ser un ganador en mis comienzos... Considero que es también la causa por la que la mayoría de traders, no llega a sobrevivir ni seis meses en los mercados. El motivo es no disponer de un monto de capital a modo de seguridad, u otras fuentes de ingreso alternativas. Con la finalidad de no depender exclusivamente de lo que genere la cuenta de trading, para costear todos tus gastos. Es demasiada presión, yo no pude hacerlo...

Conseguir treinta mil euros, dejarse el trabajo, que dicha cantidad sea todo tu patrimonio y ponerse a operar como un loco, necesitando ganar dinero todos los meses, para sufragar tu estilo de vida, a la vez que capitalizas la cuenta.

¿Te tomarías las pérdidas igual que otra que tenga el trading como un proyecto paralelo además de contar con otras fuentes de ingresos como respaldo para pagar sus facturas? ¿Qué le va a pasar a la primera persona cuando encadene dos meses de pérdidas? Tendrá que disponer de algo de capital de la cuenta para vivir, ¿crees que va a operar sin presión? Compara esta situación con la de otro trader que disponga de otras fuentes de ingresos, o que cuente con un capital o modo de red de seguridad... Si este último experimenta una serie de pérdidas prolongada, puede perfectamente tomarse un descanso, analizar detenidamente su operativa, relajarse.

Las pérdidas y cómo afrontarlas dependerá de tu situación personal. Para una persona, mil euros no tienen que significar lo mismo que para otra. Si solo cuentas con tu capital de trading y no te salen bien las cosas, incluso un pequeño bajón en tus resultados puede hacer que se te fundan los plomos.

Rentabilidades consistentes de un treinta por ciento anual y eres considerado una estrella, eso son seis mil euros al año con una cuenta de veinte mil (sin contar impuestos).Vayamos más allá, imagina obtener un cuarenta por ciento, serían ocho mil, ¿te da para vivir e incrementar tu cuenta cada vez más?

La verdad a veces duele, pero siempre es mejor que vivir en un engaño. No te cargues la mochila de piedras. Permíteme que te de un consejo: te irá mejor, si al principio, consideras el trading como una fuente de ingresos extra, un proyecto paralelo... No todo el mundo tiene que ser un "PRO", el trading puede llegar a ser una actividad altamente estresante.

La paradoja es curiosa; la gente llega buscando tiempo y dinero, que es precisamente lo que te hace falta para poder triunfar, al menos como un profesional...

Moraleja

Acepta las pérdidas como parte del juego, el secreto es que no se te vayan de las manos, para ello, respeta la gestión monetaria. Encajarás mejor las pérdidas si no dependes del trading exclusivamente para vivir, si es así, siempre operarás bajo presión.

Lección 31

La desesperada espera

> La paciencia no es simplemente la capacidad de esperar,
> es cómo nos comportamos mientras esperamos.
> JOYCE MEYER

La paciencia es dinero. En el trading la llevarás al límite, aquí los errores se pagan con dinero; uno de los más comunes son las entradas prematuras (abrir una operación precipitadamente).

Cuando la volatilidad es muy baja, el mercado pone a prueba nuestra paciencia como traders. La operativa intradía en algunos instrumentos (Mini S&P, Dax, Mini Dow), se puede convertir en una trampa.

Paciencia, sé de sobra que no es fácil, todos queremos participar de la acción, abrir, cerrar operaciones y ganar algunos dólares... Pero las cosas son, como son, hay que seguir las normas, si el mercado no da ninguna señal, no podemos entrar.

Es pesado preparar la sesión; seguir el protocolo de apertura, graficar, plantear escenarios, realizar respiraciones y visualizaciones, etc. Para muchos días, no disponer de tantas oportunidades como nos gustaría, durante el tiempo que pasamos operando... Esta situación puede desesperar a cualquiera.

Hay que tener paciencia, es mejor no entrar al mercado que entrar mal. Tenemos que evitar a toda costa abrir operaciones sin las probabilidades a nuestro favor.

Mi operativa se basa principalmente en futuros y opciones. A día de hoy, no podría pasar sin estas últimas... Sería más complicado solo con futuros, pues en los últimos tiempos las oportunidades escasean (al menos, para el sistema de inversión que yo utilizo).

Moraleja
Ármate de paciencia, sé selectivo en tus operaciones. Si el objetivo no está claro, no dispares.

Fórmate y aprende a operar con otros instrumentos, esto aumentará tus opciones de ganar dinero.

Lección 32

¿Sabes guardar un secreto?

> A quién le dices tu secreto, le vendes tu libertad.
> JAMES HOWELL

Cuando empiezas tu carrera como trader, necesitas toda tu energía para superar los obstáculos que te vas a encontrar por el camino, y créeme, no son pocos...

Mi consejo es que lo mantengas en secreto, está bien que les cuentes tus objetivos a las personas más cercanas de tu entorno, pero a nadie más. Mucha gente no tiene ni idea de lo que estás a punto de hacer, es difícil que puedan ayudarte, es más, podrían hasta perjudicarte. La mayoría de las personas suele tomar el camino más fácil, y les molesta ver que otros salen del sendero trazado para intentar conseguir sus metas. Hace muchos años que opero en los mercados, cuando empecé y la gente me preguntaba a qué me dedicaba, solía responder rápidamente que era trader... Una pérdida de tiempo y energía terribles. Normalmente la gente te pregunta por cortesía, no les suele importar mucho lo que hagas. No obtuve nada bueno en la mayoría de esas conversaciones, así que decidí que no le contaría a nadie más lo que hacía. A partir de ese momento cada vez que me preguntaban por mi profesión, mi contestación era que estaba en el paro. Es increíble el tiempo y energía que me ahorre. Había encontrado la respuesta perfecta, al menos eso creía yo...

Un día hablando con un amigo que es "Coach", surgió la conversación y le comenté lo que estaba haciendo... Lo que me dijo luego, cambió mi forma de actuar.

— Lo de no tener que dar explicaciones, lo veo bien, pero no me gusta nada que digas que estás en el paro, sin quererlo estás mandando un mensaje de carencia... En vez de eso puedes decir que vives de rentas.

— Que crack. Y así lo hice, cambié mi discurso y desde entonces he seguido diciendo lo que mi amigo me propuso...

Moraleja
No malgastes tu tiempo y energía, te hacen falta. No intentes convencer a nadie de las bondades de esta actividad, ni de tus sueños y aspiraciones en los mercados financieros. Concéntrate, anda tu camino y consigue resultados. Entonces, si quieres, "vas y lo cascas".

Lección 33

Me importa un comino

> Si encuentras un camino sin obstáculos,
> probablemente no te lleve a ningún sitio.
> FRANK A. CLARK

Desapego al resultado; significa: "que no te importe el resultado". El trading, como ya hemos visto, es un juego de probabilidades; puedes seguir las normas como un marine, estudiar los gráficos, gestionar la posición de una manera idónea y aun así, acabar perdiendo dinero.

No puedes controlar lo que hará el mercado, solo puedes controlarte a ti mismo... Simplemente, concéntrate en ejecutar correctamente todos los parámetros que están bajo tu control... El movimiento del mercado no depende ni de ti, ni de mí, pero otros parámetros sí:

- Número de contratos con los que operas.
- Determinar el momento de entrada o salida.
- Dónde colocar el stop.
- Cuándo cargar o descargar.
- Qué mercado operar.
- Cuántas horas vas a operar por sesión.
- Qué fórmula de gestión monetaria vas a utilizar.

Implementar adecuadamente estos conceptos es lo que te acercará o alejará de tus metas en el trading. Contrólalos y espera pacientemente el desenlace de la operación, pues bueno o malo, no depende de ti.

Llegar a entender en profundidad este concepto e interiorizarlo no fue una tarea fácil para mí, no llegar a operar en ese estado desapego, fue uno de los motivos que me llevaron a una situación "incómoda". Necesitaba ganar dinero con el trading para poder vivir, pues había despedido a mi jefe para para vivir el sueño de convertirme en trader. El trading iba a ser mi única fuente de ingresos... Imagina la situación; una cuenta de trading, un montón de facturas que pagar, siendo un novato y con un montón de expectativas bastante irrealistas... El final de la historia te lo puedes imaginar... Nunca llegue a operar sin carga emocional... Los mercados me devolvieron a la casilla de salida; trabajo por cuenta ajena y bofetada psicológica.

Mi segundo intento aún lo hice "mejor", rehipotequé mi vivienda para conseguir el dinero que necesitaba para operar... Una vez tuve el dinero, volví a dejar el trabajo, convencido de mis dotes, y habiendo solucionado, o eso creía yo, mis patrones negativos de conducta. Nuevo intento, mismo final. Fueron tiempos difíciles...

Nunca dejé de pensar que algún día lo conseguiría, nunca dejé de soñar... Estuve una buena temporada fuera de juego, pero nunca perdí el contacto con los mercados. Operaba en simulado, más tarde empecé a hacerlo con micro cuentas... Seguí estudiando; sistema, gestión monetaria, Psicotrading...

Un buen día, la vida me puso en bandeja la oportunidad que había estado esperando... Gracias a la cual, pude reunir otra vez cierto capital de inversión para operar, además de disponer de un colchón extra que me permitiera vivir sin que mi estilo de vida se viese alterado durante más de dos años, si el intento volvía a acabar en fracaso. Era la única vez que no dependía exclusivamente de lo generado con el trading. En esta ocasión todo fue diferente, lo que antes salía mal, ahora salía bien. Fue entonces cuando entendí la profundidad del concepto; "desapego al resultado". Me dediqué a operar lo mejor que sabía, seguí la estrategia de gestión monetaria disciplinadamente y los resultados no tardaron en llegar.

Lección 34

La Fe mueve montañas

El que tiene fe en sí mismo no necesita que los demás crean en él.
MIGUEL DE UNAMUNO

Has decidido que el trading es tu camino, quieres hacer de esta actividad tu forma de vida... Gritas ¡no! a la esclavitud de un trabajo por cuenta ajena, a las cadenas del horario laboral. Estás harto de cambiar tu precioso tiempo por unas míseras monedas. Acabas de cruzar la línea, tu vida ya nunca será la misma, es lo que pasa cuando el trading te intoxica con su veneno...

Tómatelo con calma, no va a ser un paseo por el parque, las estadísticas están abrumadoramente en tu contra, la gran mayoría de los traders que empiezan a operar en los mercados no terminan el primer año. Muchos son los llamados, pocos los elegidos. Hacer trading no es complicado, la personalidad de cada trader, eso es lo que separa el trigo de la paja. ¿Tienes lo que hay que tener para hacer lo que hay que hacer? Mi amigo André suele decir una frase muy sabia:

"Saber lo que hay que hacer es fácil, lo difícil es hacer lo que hay que hacer"

La mayoría de las personas quieren el fruto sin el esfuerzo, buscan la gratificación instantánea, apretar la tecla del ratón y que caigan los euros como por arte de magia...

Ya sabemos que esto no funciona.

> **"Mucha gente quiere obtener la recompensa que ofrece ser un buen trader, pero no están dispuestos a sufrir el compromiso y dolor que esto supone. Y créame, hay mucho dolor en el proceso."**
>
> **BILL LIPSCHUTZ**

Si te adentras en los laberintos del trading, existe la posibilidad de que naufragues, también de que lo consigas. Todo se reduce a una cuestión de confianza en ti mismo, de Fe.

—¿Fe?

— Preguntas contrariado. Pues sí... Fe, no el tipo que hace pensar a la gente en un Dios superior, de lo que hablo, es que tengas Fe en ti mismo. No te dejes doblegar, sigue aprendiendo, empujando, andando cuando todos se den la vuelta, a eso me refiero.

No hay secretos; trabajo duro, unas expectativas razonables, gestión monetaria y desarrollo personal.

Yo he cometido todos los errores que se pueden cometer, pero no me rendí, estaba comprometido. La visión de que algún día lo conseguiría nunca me abandonó. Lo conseguí, para ello tuvieron que pasar años y arruinarme dos veces. Nunca vi ninguno de esos fracasos como el final de mi sueño, eran lecciones, algo que tenía que aprender.

Alejandro magno, el rey Macedonio cuando desembarcó en las costas Fenicias, observó que sus enemigos le triplicaban en número y que su tropa se veía derrotada antes de pisar el campo de batalla. Alejandro Magno desembarcó e inmediatamente mandó quemar todas las naves. Mientras su flota ardía, el líder macedonio «reunió a sus hombres y les dijo: Observad los barcos arder... Esa es la única razón por la que debemos vencer, ya que si no ganamos, no podremos volver a nuestros hogares y ninguno de nosotros podrá reunirse con su familia nuevamente, ni podrá abandonar esta tierra que hoy despreciamos. Debemos salir victoriosos en esta batalla, ya que solo hay un camino de vuelta y es por el mar.

Moraleja
Quema tus naves, no dejes que los obstáculos te hagan perder la esperanza, mantén la fe en ti mismo y en que lograrás tu objetivo. Date un tiempo razonable, las cosas no pasan de la noche al día, fórmate con los mejores, haz lo que ellos hacen… No quiebres la cuenta antes de tiempo (sigue las normas del sistema y la gestión monetaria), no te confíes nunca, sigue trabajando duro y no dejes nunca de crecer (desarrollo personal y conocimiento de ti mismo).

Conclusión

Querido lector, hemos llegado al final...

Espero de corazón que la inversión en tiempo y dinero que has realizado, te haya sido devuelta con creces. Desde la humildad te digo; me sentiré muy orgulloso si la lectura de este texto te ayuda, aunque sólo sea un poco, a conseguir alcanzar tus objetivos en el trading, cualesquiera que estos sean.
Te deseo la mejor de las fortunas...

Agradecimientos

Como todo libro, este no hubiera visto la luz sin el apoyo y la colaboración de mucha gente...

Es difícil expresar con palabras lo que siente el corazón... Para mi amor, mi compañera de viaje; Bárbara, por tu compañía, buen humor, sonrisas y abrazos... Y por haberme bendecido con nuestra hija Natalia, lo mejor que me ha pasado en la vida.

A mi madre, por estar siempre ahí... A mi padre, que me hizo emprender un viaje que todavía hoy perdura.

A todo el equipo de Escuela de Traders, sois los mejores. Y por último, pero no menos importante, para ti, querido lector, millones de gracias de corazón, pues sin ti nada de esto tendría sentido.

Sobre el autor

Mi nombre es David López, soy Trader, inversor, escritor, Asesor Financiero, conferenciante y formador, con una dilatada experiencia enseñando a personas como tú a invertir en Bolsa.

Enseño a la gente a gestionar su dinero en los mercados, operando a corto, medio y largo plazo con acciones, opciones, futuros, CFDs. y ETFs.

Soy un apasionado del mar y la cocina, lector empedernido. Autodidacta y emprendedor, Master en análisis técnico, gestión de carteras y Day Trading, Master en banca, bolsa y mercados financieros, Asesor Financiero €uropeo (€FA), Analista Técnico de mercados financieros (CFTe), Gestor de Patrimonios e Investment Manager certificado por el Chartered Institute for Securities & Investment.

En la actualidad compagino mis actividades como padre, inversor, escritor, y blogger en **samuraifinanciero.com** donde ayudo a personas a conseguir sus metas financieras.

Si quieres profundizar sobre lo expuesto en el libro, y crees que necesitas apoyo profesional, contacta con:

David L.

Correo electrónico: d.lopez@escueladetraders.es

Escuela de Traders

Sin lugar a dudas la actividad de moda en la actualidad. La expresión está en boca de todos, todo el mundo quiere ser Trader, todos conocen o tienen un amigo que lo es. La palabra evoca imágenes de lujo; yates, coches deportivos, fajos de billetes, etc. Alrededor de ella se ha creado toda una industria, decenas de miles de personas a diario se embarcan en su particular búsqueda de "El Dorado" como lo hicieron siglos atrás los conquistadores españoles, o más recientemente los colonos americanos del lejano oeste en busca de la pepita de oro que los hiciera ricos…

Querido lector, si de verdad estás comprometido a convertirte en un Trader y dispuesto a pagar el precio necesario te invito a que sigas leyendo. A través de 101 preguntas descubrirás los secretos de esta profesión y aprenderás todo lo que necesitas para sobrevivir en esta jungla. Tendrás las armas y el conocimiento necesario para empezar la lucha, luego, el éxito o el fracaso dependerán de ti.

Te deseo la mejor de las fortunas para el viaje que comienzas…

Escuela de Traders II

Este es un libro de preguntas, las respuestas están en ti...

Si no has creado un plan de trading a prueba de bombas, deja ahora mismo de operar. Tus cuentas, monetaria y emocional, te lo agradecerán...

David L, te muestra cómo puedes desarrollar el plan de Trading perfecto. Sus sencillas técnicas ya han ayudado a muchas personas.

En este sorprendente libro descubrirás cómo:

- Crear unas expectativas razonables para tu carrera como Trader.
- Desarrollar un plan de Trading adecuado a tu estilo de vida y filosofía.
- Plantearte las preguntas que cambiarán tu operativa para siempre.
- Mejorar rápidamente en las 5 áreas más importantes de esta actividad.

Es el momento de la verdad... ¿Estás preparado para subir de nivel?

Escuela de Traders IV

He invertido en el trading casi un tercio de mi vida; aprendiendo, operando y enseñando a otros a hacerlo. En todo este tiempo he vivido muchas experiencias, buenas y malas, de todas aprendí... El trading no es un juego de niños, ni un paseo por el parque, la línea que separa el éxito del fracaso es muy delgada, casi imperceptible.

He conocido a miles de personas, de todos los colores y credos, todos ellos con el mismo objetivo: mejorar sus vidas gracias al trading, me consta que solo unos pocos lo han conseguido... Dicho esto, ¿qué tienen en común estos individuos?, ¿qué hacen diferente del resto de personas que no logran alcanzar el "Olimpo" de la efectividad y la consistencia en el trading?

Mi objetivo al escribir este libro es desvelar dicho secreto. ¿Cómo? Gracias a catorce preguntas, mejor dicho, a las respuestas ofrecidas por un grupo de traders con diferentes niveles de experiencia...

Espero que encuentres en esta obra, las respuestas que necesitas... Otros, ya recorrieron el camino que tú ahora transitas... Coge lo que necesites, deshecha lo que no, y aprende de los errores y los aciertos de los demás. Hacerlo, es signo de inteligencia y humildad, dos de las cualidades que necesitarás para lograr tus metas...

Espero de corazón que puedas conseguir todo aquello que te propongas, y te deseo la mejor de las fortunas.

Frases, Camino y Destino

Estamos ante un texto luminoso. Una gran selección de frases que pueden cambiar tu vida. Aquí se nos ofrecen palabras de sabiduría, pensamientos e ideas de personajes que hicieron grandes cosas en sus vidas, de los cuales puedes aprender de manera cómoda y rápida. Retales de grandes textos, bien escogidos, y sobre todo, magistralmente organizados.

Cuando llegues a la última página, cierra el libro.
                                    PROVERBIO CHINO

www.ingramcontent.com/pod-product-compliance
Lightning Source LLC
Chambersburg PA
CBHW020443220526
45464CB00002B/841